William S.

Table des matières

Introduction

Avez-vous déjà voulu en savoir plus sur William Shakespeare ?

The Biography for Students & Scholars of Ages 13 and Up est un livre qui raconte l'histoire de William Shakespeare de sa naissance en 1564 à sa mort en 1616. Il comprend des informations sur la vie, l'époque et l'œuvre de ce célèbre dramaturge.

Cette biographie permettra aux lecteurs de comprendre comment il est devenu l'un des écrivains les plus influents de l'histoire. Vous découvrirez ses antécédents familiaux, son éducation, sa carrière d'écrivain et d'acteur, son mariage et ses enfants, sa religion et ses croyances, ses relations avec d'autres personnes, dont la reine Elizabeth I. Et vous découvrirez ce qui s'est passé lorsqu'il est mort à 52 ans !

Vous pourrez facilement explorer le dramaturge le plus célèbre du monde ! Apprenez-en davantage sur l'un des écrivains les plus influents de l'histoire.

William Shakespeare

William Shakespeare, Shakespeare également orthographié Shakspere, surnommé Bard of Avon ou Swan of Avon, (baptisé le 26 avril 1564 à Stratford-upon-Avon, dans le Warwickshire, en Angleterre, et mort le 23 avril 1616 à Stratford-upon-Avon), poète, dramaturge et acteur anglais souvent appelé le poète national anglais et considéré par beaucoup comme le plus grand dramaturge de tous les temps.

William Shakespeare occupe une position unique dans la littérature mondiale. D'autres poètes, comme Homère et Dante, et des romanciers, comme Léon Tolstoï et Charles

Dickens, ont transcendé les barrières nationales, mais la réputation d'aucun écrivain vivant ne peut se comparer à celle de Shakespeare, dont les pièces, écrites à la fin du XVIe et au début du XVIIe siècle pour un petit théâtre de répertoire, sont aujourd'hui jouées et lues plus souvent et dans plus de pays que jamais auparavant.

La prophétie du grand contemporain de Shakespeare, le poète et dramaturge Ben Jonson, selon laquelle Shakespeare "n'était pas d'un âge, mais pour tous les temps", s'est réalisée.

Il est peut-être même audacieux de tenter de définir sa grandeur, mais il n'est pas si difficile de décrire les dons qui lui ont permis de créer des visions imaginatives de pathos et d'hilarité qui, qu'elles soient lues ou vues au théâtre, remplissent l'esprit et s'y attardent. C'est un écrivain d'une grande rapidité intellectuelle, d'une grande perspicacité et d'une grande puissance poétique.

D'autres écrivains ont eu ces qualités, mais chez William Shakespeare, l'acuité d'esprit ne s'applique pas à des sujets abscons ou éloignés, mais aux êtres humains et à toute la gamme de leurs émotions et conflits. D'autres écrivains ont appliqué leur acuité d'esprit de cette manière, mais Shakespeare est étonnamment habile avec les mots et les images, de sorte que son énergie mentale, lorsqu'elle est appliquée à des situations humaines intelligibles, trouve une expression complète et mémorable, convaincante et stimulante sur le plan de l'imagination.

Comme si cela ne suffisait pas, la forme d'art dans laquelle ses énergies créatrices se sont investies n'était pas lointaine et livresque, mais impliquait l'imitation vivante d'êtres humains sur scène, suscitant la sympathie et invitant à la participation par procuration. Ainsi, les mérites de Shakespeare peuvent survivre à la traduction dans d'autres langues et dans des cultures éloignées de celle de l'Angleterre élisabéthaine.

La vie de Shakespeare

Bien que la quantité de connaissances factuelles disponibles sur Shakespeare soit étonnamment importante pour un homme de son rang, beaucoup la trouvent un peu décevante, car elle est principalement glanée dans des documents à caractère officiel. Les dates de baptême, de mariage, de décès et d'enterrement, les testaments, les actes de cession, les procédures judiciaires et les paiements effectués par le tribunal sont autant de détails poussiéreux. Il existe cependant de nombreuses allusions contemporaines à l'écrivain qu'il était, ce qui ajoute une quantité raisonnable de chair et de sang au squelette biographique.

La maison de John Shakespeare, considérée comme le lieu de naissance de Shakespeare, à Stratford-upon-Avon.

Le registre paroissial de la Holy Trinity Church de Stratford-upon-Avon, dans le Warwickshire, indique qu'il y a été baptisé le 26 avril 1564 ; son anniversaire est traditionnellement célébré le 23 avril. Son père, John

Shakespeare, était un bourgmestre du bourg, qui fut choisi en 1565 comme alderman et en 1568 comme bailli (poste correspondant à celui de maire, avant l'octroi d'une nouvelle charte à Stratford en 1664).

William Shakespeare se livrait à divers types de commerce et semble avoir subi quelques fluctuations de prospérité. Sa femme, Mary Arden, de Wilmcote, dans le Warwickshire, était issue d'une ancienne famille et était l'héritière de quelques terres. (Étant donné les distinctions sociales quelque peu rigides du XVIe siècle, ce mariage a dû représenter un cran au-dessus dans l'échelle sociale pour John Shakespeare).

Stratford possédait une école secondaire de bonne qualité, et l'enseignement y était gratuit, le salaire du maître d'école étant payé par le bourg. Aucune liste des élèves qui fréquentaient l'école au XVIe siècle n'a été conservée, mais il serait absurde de penser que le bailli de la ville n'y envoyait pas son fils.

L'éducation du garçon consistait principalement en études latines - apprendre à lire, écrire et parler la langue assez bien et étudier certains des historiens, moralistes et poètes classiques. Shakespeare n'est pas allé à l'université et, en fait, il est peu probable que le cycle savant de logique, de rhétorique et d'autres études qui s'y déroulait l'ait intéressé.

Au lieu de cela, à l'âge de 18 ans, William Shakespeare se marie. On ignore où et quand exactement, mais le registre épiscopal de Worcester conserve une obligation datée du 28 novembre 1582 et signée par deux yeomen de Stratford, nommés Sandells et Richardson, comme garantie à l'évêque pour la délivrance d'une licence de mariage entre William Shakespeare et "Anne Hathaway de Stratford", sur consentement de ses amis et après avoir demandé les bans. (Anne est morte en 1623, sept ans après Shakespeare.

Il existe de bonnes preuves pour associer Anne à une famille de Hathaways qui habitait une belle ferme, aujourd'hui très visitée, à 3,2 km de Stratford). La prochaine date intéressante se trouve dans les registres de l'église de Stratford, où une fille, nommée Susanna, née de William Shakespeare, a été baptisée le 26 mai 1583. Le 2 février 1585, des jumeaux sont baptisés, Hamnet et Judith. (Hamnet, le fils unique de Shakespeare, mourra 11 ans plus tard).

On ne sait pas comment William Shakespeare a passé les quelque huit années suivantes, jusqu'à ce que son nom commence à apparaître dans les registres des théâtres londoniens. On raconte, longtemps après sa mort, qu'il a volé des cerfs et qu'il a eu des ennuis avec un magnat local, Sir Thomas Lucy de Charlecote, près de Stratford ; qu'il a gagné sa vie comme maître d'école à la campagne ; qu'il s'est rendu à Londres et qu'il a pu entrer dans le monde du théâtre en s'occupant des chevaux des spectateurs.

On a également supposé que Shakespeare avait été membre d'une grande maison et qu'il avait été soldat, peut-être dans les Pays-Bas. En lieu et place de preuves externes, de telles extrapolations sur la vie de Shakespeare ont souvent été faites à partir des "preuves" internes de ses écrits. Mais cette méthode n'est pas satisfaisante : on ne peut pas conclure, par exemple, de ses allusions au droit que Shakespeare était un avocat, car il était manifestement un écrivain qui pouvait sans difficulté obtenir toutes les connaissances dont il avait besoin pour la composition de ses pièces...

La carrière de Shakespeare

La première référence à Shakespeare dans le monde littéraire de Londres remonte à 1592, lorsqu'un collègue dramaturge, Robert Greene, déclare dans un pamphlet écrit sur son lit de mort :

Il y a un corbeau parvenu, orné de nos plumes, qui, avec son CŒUR DE TYGERS ENVELOPPÉ DANS UNE PEAU DE PLAYERS, se croit aussi capable que le meilleur d'entre vous de débiter un vers en blanc ; et, étant un JOHANNES FACTOTUM absolu, il est à son propre avis la seule scène de tremblement dans un pays.

Il est difficile de déterminer le sens de ces mots, mais il est clair qu'ils sont insultants et que Shakespeare est l'objet des sarcasmes. Lorsque le livre dans lequel ils apparaissent (GREENES, GROATS-WORTH OF WITTE, BOUGHT WITH A MILLION OF REPENTANCE, 1592) a été publié après la mort de Greene, une connaissance mutuelle a écrit une préface présentant des excuses à Shakespeare et témoignant de sa valeur.

Cette préface indique également que Shakespeare s'était alors fait des amis importants. En effet, bien que la ville puritaine de Londres soit généralement hostile au théâtre, de nombreux membres de la noblesse étaient de bons mécènes du théâtre et des amis des acteurs. Shakespeare semble avoir attiré l'attention du jeune Henry Wriothesley, le 3e comte de Southampton, et c'est à ce noble qu'ont été dédiés ses premiers poèmes publiés, VENUS AND ADONIS et THE RAPE OF LUCRECE.

Une preuve frappante que Shakespeare a commencé à prospérer tôt et qu'il a essayé de récupérer la fortune de la famille et d'établir sa gentillesse est le fait qu'un blason a été accordé à John Shakespeare en 1596. Des ébauches de cette concession ont été conservées au College of Arms de Londres, mais le document final, qui a dû être remis aux Shakespeare, n'a pas survécu.

Il est presque certain que William lui-même a pris l'initiative et a payé les frais. Les armoiries figurent sur le monument de Shakespeare (construit avant 1623) dans l'église de Stratford. L'achat en 1597 de New Place, une grande maison à Stratford, devant laquelle il devait passer tous les jours pour se rendre à l'école, est tout aussi intéressant comme preuve de la réussite de Shakespeare dans le monde.

On ne sait pas exactement comment sa carrière théâtrale a commencé, mais à partir de 1594 environ, il a été un membre important de la compagnie de comédiens du Lord Chamberlain (appelée les King's Men après l'accession de Jacques Ier en 1603). Ils avaient le meilleur acteur, Richard Burbage ; ils avaient le meilleur théâtre, le Globe (terminé à l'automne 1599) ; ils avaient le meilleur dramaturge, Shakespeare. Il n'est pas étonnant que la compagnie ait prospéré. Shakespeare devint un professionnel à plein temps de son propre théâtre, partageant une entreprise coopérative et intimement concerné par le succès financier des pièces qu'il écrivait.

Malheureusement, les documents écrits ne donnent que peu d'indications sur la manière dont la vie professionnelle de Shakespeare a façonné son merveilleux art. Tout ce que l'on peut déduire, c'est que pendant 20 ans, Shakespeare s'est consacré assidûment à son art, écrivant plus d'un million de mots de drame poétique de la plus haute qualité.

La vie privée de William Shakespeare

William Shakespeare a eu peu de contacts avec l'administration, si ce n'est qu'il a assisté, vêtu de la livrée royale en tant que membre des King's Men, au couronnement du roi Jacques Ier en 1604. Il continue à s'occuper de ses intérêts financiers. Il achète des propriétés à Londres et à Stratford. En 1605, il achète une part (environ un cinquième) des dîmes de Stratford, ce qui explique qu'il ait été enterré dans le chœur de son église paroissiale.

Pendant un certain temps, William Shakespeare a été hébergé par une famille huguenote française appelée Mountjoy, qui vivait près de l'église St. Olave à Cripplegate, à Londres. Les comptes-rendus d'un procès en mai 1612, résultant d'une querelle de la famille Mountjoy, montrent Shakespeare comme témoignant de façon géniale (bien qu'incapable de se souvenir de certains faits importants qui auraient pu décider de l'affaire) et comme s'intéressant généralement aux affaires de la famille.

Aucune lettre écrite par Shakespeare n'a survécu, mais une lettre privée qui lui était destinée s'est retrouvée mêlée à certaines transactions officielles de la ville de Stratford et a donc été conservée dans les archives de l'arrondissement. Elle a été écrite par un certain Richard Quiney et adressée par lui depuis le Bell Inn de Carter Lane, à Londres, où il s'était rendu pour affaires depuis Stratford.

Sur un côté du papier est inscrit : "A mon cher ami et compatriote, M. Wm. Shakespeare, remettez ceci". Apparemment, Quiney pensait que son compatriote de Stratfordian était une personne à qui il pouvait demander le prêt de 30 £ - une somme importante à l'époque élisabéthaine. On ne sait rien de plus sur cette transaction, mais, comme les occasions de pénétrer dans la vie privée de Shakespeare sont si rares, cette lettre de mendicité devient un document touchant. Il est d'ailleurs intéressant de noter que 18 ans plus tard, le fils de Quiney, Thomas, est devenu le mari de Judith, la deuxième fille de Shakespeare.

Le testament de Shakespeare (rédigé le 25 mars 1616) est un document long et détaillé. Il attribue ses vastes biens aux héritiers mâles de sa fille aînée, Susanna. (Ses deux filles étaient alors mariées, l'une à Thomas Quiney, déjà mentionné, et l'autre à John Hall, un médecin respecté de Stratford).

Après coup, il lègue son "deuxième meilleur lit" à sa femme ; personne ne peut être certain de la signification de ce fameux legs. Les signatures du testateur sur le testament sont apparemment d'une main tremblante. Peut-être Shakespeare était-il déjà malade.

William Shakespeare est mort le 23 avril 1616. Aucun nom n'a été inscrit sur sa pierre tombale dans le chœur de l'église paroissiale de Stratford-upon-Avon.

La tombe de Shakespeare, à côté de celles d'Anne Shakespeare, sa femme, et de Thomas Nash, le mari de sa petite-fille.

La sexualité de William Shakespeare

Comme tant de circonstances de la vie personnelle de Shakespeare, la question de sa nature sexuelle est entourée d'incertitudes. À l'âge de 18 ans, en 1582, il épouse Anne Hathaway, une femme qui a huit ans de plus que lui. Leur premier enfant, Susanna, est né le 26 mai 1583, environ six mois après la cérémonie de mariage. Une licence avait été délivrée pour le mariage le 27 novembre 1582, avec une seule lecture (au lieu des trois habituelles) des bans, ou annonce de l'intention de se marier, afin de donner à toute partie la possibilité de soulever d'éventuelles objections juridiques.

Cette procédure et l'arrivée rapide du premier enfant du couple laissent penser que la grossesse n'était pas prévue, puisqu'elle était certainement prénuptiale. Le mariage semble donc avoir été un mariage "à la sauvette". Anne a donné naissance quelque 21 mois après l'arrivée de Susanna à des jumeaux, nommés Hamnet et Judith, qui ont été baptisés le 2 février 1585. Par la suite, William et Anne n'ont plus eu d'enfants. Ils sont restés mariés jusqu'à sa mort en 1616.

Étaient-ils compatibles, ou William Shakespeare a-t-il préféré vivre séparé d'Anne pendant la majeure partie de cette période ? Lorsqu'il s'installe à Londres entre 1585 et 1592, il n'emmène pas sa famille avec lui. Le divorce était presque impossible à cette époque. Y avait-il des raisons médicales ou autres pour expliquer l'absence d'autres enfants ? Était-il présent à Stratford lorsque Hamnet, son fils unique, est mort en 1596 à l'âge de 11 ans ? Il a acheté une belle maison pour sa famille à Stratford et a acquis des biens immobiliers dans les environs.

William Shakespeare a finalement été enterré dans l'église Holy Trinity de Stratford, où Anne l'a rejoint en 1623. Il semble s'être retiré de Londres à Stratford vers 1612. Il avait vécu séparé de sa femme et de ses enfants, sauf probablement pour des visites occasionnelles dans le cadre d'une vie professionnelle très active, pendant au moins deux décennies. Le fait qu'il lègue dans son testament son "second meilleur lit" à Anne, sans autre mention de son nom dans ce document, a suggéré à de nombreux chercheurs que le mariage était une déception rendue nécessaire par une grossesse non planifiée.

Quelle était la vie amoureuse de Shakespeare pendant ces décennies à Londres, en dehors de sa famille ? Les connaissances sur ce sujet sont pour le moins incertaines. Selon une inscription datée du 13 mars 1602 dans le carnet de notes d'un étudiant en droit du nom de John Manningham, Shakespeare a eu une brève liaison après avoir entendu par hasard une citoyenne assistant à une représentation de Richard III faire la cour à Richard Burbage, l'acteur principal de la troupe à laquelle Shakespeare appartenait également. Profitant d'avoir entendu leur conversation, Shakespeare se serait empressé de se rendre à l'endroit où le rendez-vous avait été fixé, aurait été "diverti" par la femme et aurait été "à son affaire" lorsque Burbage s'est présenté.

Lorsqu'un message a été apporté indiquant que "Richard III" était arrivé, Shakespeare est censé avoir "fait déclarer que Guillaume le Conquérant était antérieur à Richard III. Le nom de Shakespeare est William". Cette entrée du journal de Manningham doit être considérée avec beaucoup de scepticisme, puisqu'elle n'est vérifiée par aucune autre preuve et qu'elle pourrait simplement témoigner de la vérité intemporelle selon laquelle les acteurs sont considérés comme des esprits libres et des bohémiens.

En effet, l'histoire était si amusante qu'elle a été reprise, embellie et imprimée dans A GENERAL VIEW OF THE STAGE (1759) de Thomas Likes, bien avant la découverte du journal de Manningham. Elle suggère en tout cas que Manningham pensait que Shakespeare était hétérosexuel et qu'il n'était pas opposé à une infidélité occasionnelle à ses vœux de mariage.

Le film SHAKESPEARE IN LOVE (1998) s'amuse de cette idée dans sa présentation purement fictive de la liaison torride de Shakespeare avec une jeune femme nommée Viola De Lesseps, qui souhaitait devenir une actrice dans une troupe professionnelle et qui a inspiré Shakespeare dans son écriture de Roméo et Juliette - lui donnant en fait certaines de ses meilleures répliques.

En dehors de ces circonstances intrigantes, il ne reste que peu de traces, hormis les poèmes et les pièces de théâtre que Shakespeare a écrits. Peut-on en tirer des enseignements ? Les sonnets, écrits peut-être sur une longue période allant du début des années 1590 jusqu'aux années 1600, sont la chronique d'une relation amoureuse profonde entre le locuteur des sonnets et un jeune homme bien né.

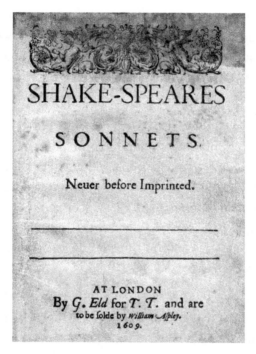

Page de titre de l'édition de 1609 des Sonnets de Shake-Speares

Parfois, le poète-locuteur est grandement soutenu et réconforté par un amour qui semble réciproque. Plus souvent, la relation est troublée par des absences douloureuses, par des jalousies, par la perception du poète que d'autres écrivains gagnent l'affection du jeune homme, et enfin par le profond malheur d'une désertion pure et simple dans laquelle le jeune homme enlève au poète-locuteur la beauté brune dont il a bénéficié des faveurs sexuelles.

Ce récit semble indiquer un désir hétérosexuel chez le poète, même s'il est trouble et coupable ; mais les sonnets précédents suggèrent-ils aussi un désir pour le jeune homme ? La relation est décrite comme étant profondément émotionnelle et dépendante ; le poète ne peut vivre sans son ami et sans que celui-ci ne lui rende l'amour qu'il ressent si ardemment. Pourtant, les lecteurs d'aujourd'hui ne peuvent pas facilement dire si cet amour vise à un accomplissement physique.

En effet, le sonnet 20 semble nier cette possibilité en insistant sur le fait que la nature a doté l'ami d'"une chose qui n'est rien pour moi" - c'est-à-dire un pénis - ce qui signifie que le sexe physique doit être considéré comme relevant uniquement de la relation de l'ami avec les femmes.

Le critique Joseph Pequigney a longuement soutenu que les sonnets commémorent néanmoins une relation physique consommée entre le poète-auteur et l'ami, mais la plupart des commentateurs ont reculé devant une affirmation aussi audacieuse.

Une difficulté importante est que l'on ne peut pas être sûr que les sonnets sont autobiographiques. Shakespeare est un dramaturge si magistral qu'on peut facilement imaginer qu'il ait créé une histoire aussi intrigante comme base de sa séquence de sonnets. Par ailleurs, les sonnets sont-ils imprimés dans l'ordre que Shakespeare aurait souhaité ? Il ne semble pas avoir été impliqué dans leur publication en 1609, longtemps après que la plupart d'entre eux aient été écrits. Malgré cela, on peut se demander pourquoi une telle histoire aurait attiré Shakespeare. Y a-t-il un niveau auquel la fantaisie et le rêve peuvent être impliqués ?

Les pièces de théâtre et autres poèmes se prêtent de manière incertaine à de telles spéculations. Les relations amoureuses entre deux hommes sont parfois dépeintes comme extraordinairement profondes. Antonio, dans Twelfth Night, proteste auprès de Sebastian qu'il doit l'accompagner dans ses aventures, même au prix de grands risques personnels : "Si tu ne veux pas m'assassiner pour mon amour, laisse-moi être ton serviteur" (acte II, scène 1, lignes 33-34). En d'autres termes, je mourrai si tu me laisses derrière toi. Un autre Antonio, dans Le Marchand de Venise, risque sa vie pour son ami Bassanio qu'il aime.

Dans le théâtre d'aujourd'hui, les acteurs dépeignent régulièrement ces relations comme homosexuelles et, de fait, les acteurs sont souvent incrédules à l'égard de ceux qui doutent que ce soit le cas. Dans Troilus et Cressida, Patroclus est, selon la rumeur, la "putain masculine" d'Achille (V, 1, ligne 17), comme le suggère Homère, et les deux sont certainement très proches en amitié, bien que Patroclus exhorte Achille à s'engager dans la bataille en disant,

Encore une fois, sur la scène moderne, cette relation est souvent représentée comme étant manifestement, voire flagrante, de nature sexuelle ; mais que Shakespeare l'ait perçue comme telle, ou que la pièce valorise l'homosexualité ou la bisexualité, est une autre question.

Certes, ses pièces contiennent de nombreuses représentations chaleureusement positives de l'hétérosexualité, dans les amours de Roméo et Juliette, d'Orlando et Rosalind, d'Henri V et de Catherine de France, entre autres. En même temps, Shakespeare est astucieux dans ses représentations de l'ambiguïté sexuelle. Viola - déguisée en un jeune homme, Cesario, dans Twelfth Night - gagne l'amour du duc Orsino d'une manière si délicate que ce qui semble être l'amour entre deux hommes se transforme en un accouplement hétérosexuel entre Orsino et Viola.

L'ambiguïté est renforcée par le fait que le public sait que, dans le théâtre de Shakespeare, Viola/Cesario était interprétée par un jeune acteur de 16 ans peut-être. Toutes les situations de travestissement dans les comédies, impliquant Portia dans Le Marchand de Venise, Rosalind/Ganymède dans Comme il vous plaira, Imogen dans Cymbeline, et bien d'autres, explorent de manière ludique les frontières incertaines entre les sexes.

Le nom du déguisement masculin de Rosalind dans As You Like It, Ganymède, est celui de l'échanson de Zeus dont le dieu était épris ; les légendes anciennes supposent que Ganymède était le catamite de Zeus. Shakespeare est d'une délicatesse caractéristique sur ce point, mais il semble se délecter du frisson de la suggestion sexuelle.

Documentation posthume

La famille ou les amis de William Shakespeare ne se sont toutefois pas contentés d'une simple pierre tombale et, quelques années plus tard, un monument a été érigé sur le mur du chœur. Il semble avoir existé dès 1623.

Son épitaphe, écrite en latin et inscrite immédiatement sous le buste, attribue à Shakespeare la sagesse mondaine de Nestor, le génie de Socrate et l'art poétique de Virgile. C'est apparemment ainsi que ses contemporains de Stratford-upon-Avon souhaitaient qu'on se souvienne de leur concitoyen.

Les hommages des collègues de Shakespeare

Le souvenir de William Shakespeare a survécu longtemps dans les milieux théâtraux, car ses pièces sont restées une partie importante du répertoire des King's Men jusqu'à la fermeture des théâtres en 1642.

Le plus grand des grands contemporains de Shakespeare au théâtre, Ben Jonson, avait beaucoup à dire sur lui. À William Drummond de Hawthornden, en 1619, il a déclaré que Shakespeare "voulait de l'art".

Mais, lorsque Jonson a écrit son splendide poème préfixé à l'édition Folio des pièces de Shakespeare en 1623, il s'est montré à la hauteur de l'occasion en prononçant des paroles élogieuses.

Page de titre du Premier Folio, 1623. Gravure sur cuivre de Shakespeare par Martin Droeshout.

Outre le fait qu'il se rétracte presque de sa remarque antérieure sur le manque d'art de William Shakespeare, il témoigne que la personnalité de Shakespeare se ressentait, pour ceux qui le connaissaient, dans sa poésie - que le style était l'homme. Jonson rappelle également à ses lecteurs la forte impression que les pièces ont faite sur la reine Elizabeth I et le roi James I lors des représentations à la cour.

Shakespeare semble avoir été en bons termes avec ses collègues de théâtre. Ses collègues acteurs John Heminge et Henry Condell (qui, avec Burbage, sont mentionnés dans son testament) ont dédié le Premier Folio de 1623 au comte de Pembroke et au comte de Montgomery, expliquant qu'ils avaient rassemblé les pièces "sans ambition de profit personnel ou de renommée, seulement pour garder vivante la mémoire d'un ami et d'un collègue aussi digne que l'était notre Shakespeare".

Anecdotes et documents de William Shakespeare

Les antiquaires du XVIIe siècle ont commencé à recueillir des anecdotes sur Shakespeare, mais aucune vie sérieuse n'a été écrite avant 1709, lorsque Nicholas Rowe a tenté de rassembler des informations provenant de toutes les sources disponibles dans le but de produire un récit cohérent. Il y avait des traditions locales à Stratford : des traits d'esprit et des lampions de personnages locaux ; des histoires scandaleuses d'ivresse et d'escapades sexuelles. Vers 1661, le vicaire de Stratford écrivait dans son journal : "Shakespeare, Drayton et Ben Jonson ont eu une réunion joyeuse, et il semble qu'ils aient trop bu ; car Shakespeare est mort d'une fièvre contractée sur place."

D'autre part, l'antiquaire John Aubrey a écrit dans des notes sur Shakespeare : " Il ne tenait pas compagnie ; vivait à Shoreditch ; ne se laissait pas aller à la débauche, et, si on l'invitait, écrivait qu'il souffrait. " Richard Davies, archidiacre de Lichfield, rapporte : "Il est mort papiste." La confiance que l'on peut accorder à une telle histoire est incertaine. Au début du XVIIIe siècle, une histoire est parue selon laquelle la reine Elizabeth avait obligé Shakespeare "à écrire une pièce sur Sir John Falstaff amoureux" et qu'il s'était acquitté de cette tâche (The Merry Wives of Windsor) en quinze jours. Il existe d'autres histoires, toutes d'une authenticité incertaine, voire de simples fabrications.

Lorsque l'érudition sérieuse a commencé au XVIIIe siècle, il était trop tard pour tirer profit des traditions. Mais des documents ont commencé à être découverts. Le testament de Shakespeare a été trouvé en 1747 et son acte de mariage en 1836. Les documents relatifs au procès de Mountjoy déjà mentionnés ont été trouvés et imprimés en 1910. Il est concevable que d'autres documents de nature juridique puissent encore être découverts, mais plus le temps passe, plus cet espoir s'éloigne.

La recherche moderne s'attache davantage à étudier William Shakespeare en relation avec son environnement social, tant à Stratford qu'à Londres. Ce n'est pas facile, car l'auteur et acteur a mené une vie quelque peu détachée : un gentilhomme respecté, propriétaire de la dîme à Stratford, peut-être, mais un artiste plutôt déraciné à Londres.

William Shakespeare, poète et dramaturge

William Shakespeare a vécu à une époque où les idées et les structures sociales établies au Moyen Âge influençaient encore la pensée et le comportement humains. La reine Élisabeth Ier était l'adjointe de Dieu sur terre, et les seigneurs et les roturiers avaient la place qui leur revenait dans la société sous son autorité, avec des responsabilités jusqu'à Dieu et jusqu'à ceux de rang plus humble. L'ordre des choses, cependant, n'est pas incontesté.

L'athéisme était encore considéré comme un défi aux croyances et au mode de vie d'une majorité d'Élisabéthains, mais la foi chrétienne n'était plus unique. L'autorité de Rome avait été contestée par Martin Luther, Jean Calvin, une multitude de petites sectes religieuses et, en fait, par l'église anglaise elle-même.

La prérogative royale est contestée au Parlement ; les ordres économiques et sociaux sont perturbés par la montée du capitalisme, par la redistribution des terres monastiques sous Henri VIII, par l'expansion de l'éducation et par l'afflux de nouvelles richesses provenant de la découverte de nouvelles terres.

L'interaction entre les idées nouvelles et anciennes est typique de l'époque : les homélies officielles exhortent le peuple à l'obéissance ; le théoricien politique italien Niccolò Machiavel expose un nouveau code politique pratique qui fait que les Anglais craignent le "Machiavillain" italien et les incite pourtant à se demander ce que les hommes font, plutôt que ce qu'ils devraient faire. Dans Hamlet, les disquisitions sur l'homme, la croyance, l'état "pourri" et les temps "déréglés" reflètent clairement une inquiétude et un scepticisme croissants.

La traduction des ESSAIS de Montaigne, en 1603, a donné plus d'actualité, de portée et de finesse à cette pensée, et Shakespeare a été l'un des nombreux à les lire, en faisant des citations directes et significatives dans LA TEMPÊTE.

Dans la recherche philosophique, la question "Comment ?" est devenue le moteur de l'avancée, plutôt que le traditionnel "Pourquoi ?" d'Aristote. Les pièces de Shakespeare écrites entre 1603 et 1606 reflètent indubitablement une nouvelle méfiance jacobine. Jacques Ier, qui, comme Élisabeth, revendiquait l'autorité divine, était bien moins capable qu'elle de maintenir l'autorité du trône.

Le complot de la poudre à canon (1605) montre qu'une petite minorité de l'État est déterminée à relever le défi ; les luttes de Jacques avec la Chambre des communes au cours des Parlements successifs, en plus d'indiquer la force des "hommes nouveaux", révèlent également les insuffisances de l'administration.

Conventions et traditions dramatiques

Les comédies latines de Plaute et de Térence étaient familières dans les écoles et les universités élisabéthaines, et leurs traductions ou adaptations anglaises étaient parfois jouées par des étudiants. Les tragédies rhétoriques et sensationnelles de Sénèque avaient également été traduites et souvent imitées. Mais il existait également une forte tradition dramatique autochtone dérivée des pièces miraculeuses médiévales, qui avaient continué à être jouées dans diverses villes jusqu'à ce qu'elles soient interdites sous le règne d'Elizabeth.

Ce théâtre autochtone avait été capable d'assimiler la farce populaire française, les pièces de moralité d'inspiration cléricale sur des thèmes abstraits, et les intermèdes ou courts divertissements qui utilisaient les "tours" des clowns et des acteurs individuels. Bien que les prédécesseurs immédiats de Shakespeare aient été connus comme des esprits universitaires, leurs pièces étaient rarement structurées à la manière de celles qu'ils avaient étudiées à Oxford ou à Cambridge ; ils utilisaient et développaient plutôt les formes narratives les plus populaires.

Les changements dans la langue

À cette époque, la langue anglaise évolue et étend son champ d'action. Le poète Edmund Spenser a été le premier à restaurer des mots anciens, et les maîtres d'école, les poètes, les courtisans raffinés et les voyageurs ont tous apporté d'autres contributions de la France, de l'Italie et des classiques romains, ainsi que d'autres pays plus lointains. Grâce à la disponibilité croissante de livres imprimés moins chers, la langue a commencé à se normaliser au niveau de la grammaire et du vocabulaire et, plus lentement, de l'orthographe.

Ambitieux d'une réputation européenne et permanente, l'essayiste et philosophe Francis Bacon écrivait aussi bien en latin qu'en anglais ; mais, s'il n'avait vécu que quelques décennies plus tard, même lui aurait pu avoir une confiance totale dans sa propre langue.

Les dettes littéraires de Shakespeare

La dette la plus évidente de Shakespeare est à l'égard de Raphael Holinshed, dont les CHRONIQUES (deuxième édition, publiée en 1587) ont fourni la matière de plusieurs pièces, dont MACBETH et LE ROI LEAR.

Bientôt, cependant, il n'y a plus de frontière entre leurs effets et les siens. Dans La Tempête (peut-être la plus originale de toutes ses pièces par sa forme, son thème, sa langue et son cadre), on peut également déceler des influences folkloriques, ainsi qu'une dette plus récente et plus évidente envers une distraction courtoise connue sous le nom de masque, développée par Ben Jonson et d'autres à la cour du roi Jacques.

Parmi les œuvres tardives de Shakespeare, CARDENIO (aujourd'hui perdue) était probablement basée sur des incidents impliquant le personnage de Cardenio dans le DON QUICHOTTE de Miguel de Cervantes.

Comme cette grande œuvre avait été traduite en anglais en 1612 par Thomas Shelton, elle était à la disposition de William Shakespeare et de John Fletcher lorsqu'ils ont manifestement collaboré en tant qu'auteurs sur CARDENIO en 1613. Fletcher s'est tourné vers Cervantès dans plusieurs de ses pièces ultérieures.

Conditions pour les pièces de théâtre

Le Globe et son prédécesseur, le Theatre, étaient des théâtres publics gérés par les Chamberlain's Men, une importante compagnie théâtrale dont William Shakespeare était membre.

Presque toutes les classes de citoyens, à l'exception de nombreux puritains et réformateurs aux vues similaires, s'y rendent pour se divertir l'après-midi. Les joueurs étaient également convoqués à la cour, pour se produire devant le monarque et la noblesse réunie. En période de peste, généralement en été, ils pouvaient faire la tournée des provinces et, à l'occasion, ils se produisaient dans les Inns of Court de Londres (associations d'étudiants en droit), dans les universités et dans les grandes maisons.

La popularité entraîne une demande insatiable de pièces de théâtre : au début de l'année 1613, les King's Men - comme on appelle alors les Chamberlain's Men - peuvent présenter "quatorze pièces différentes". Le théâtre est également devenu à la mode et, en 1608-09, les King's Men ont commencé à se produire régulièrement au Blackfriars, un théâtre intérieur "privé" où le prix d'entrée élevé garantissait à la compagnie un public plus sélectif et plus sophistiqué pour ses représentations.

La première association de William Shakespeare avec les Chamberlain's Men semble avoir été en tant qu'acteur. On ne sait pas si Shakespeare a joué après 1603, et la tradition ne lui attribue que des rôles secondaires, tels que le fantôme dans HAMLET et Adam dans AS YOU LIKE

IT, mais son association continue doit lui avoir donné une connaissance pratique directe de tous les aspects du théâtre. De nombreux passages de ses pièces montrent une préoccupation consciente pour les arts du théâtre et les réactions du public. Hamlet donne des conseils d'expert aux acteurs de passage sur l'art de jouer. Prospero, dans LA TEMPÊTE, parle de la vie entière comme d'une sorte de "réjouissances", ou de spectacle théâtral, qui, comme un rêve, sera bientôt terminé.

À l'époque de Shakespeare, il y avait peu de temps pour les répétitions collectives, et les acteurs ne recevaient que les paroles de leur propre rôle. Les scènes cruciales des pièces de Shakespeare se déroulent donc entre deux ou trois personnages seulement, ou bien sont jouées avec un personnage dominant une scène bondée.

La plupart des rôles féminins étaient écrits pour de jeunes acteurs masculins ou des garçons, de sorte que Shakespeare n'a pas souvent écrit de grands rôles pour elles ou ne les a pas gardées activement engagées sur scène pendant de longues périodes.

Écrire pour les clowns de la compagnie - qui sont des attractions populaires importantes dans toute pièce - posait le problème de leur permettre d'utiliser leurs personnalités et leurs tours comiques tout en les faisant servir les intérêts immédiats du thème et de l'action.

Les pièces de Shakespeare et leurs relations

Pour une liste chronologique des pièces de Shakespeare. En dépit de nombreux arguments scientifiques, il est souvent impossible de dater précisément une pièce donnée. Mais il existe un consensus général, en particulier pour les pièces écrites en 1588-1601, en 1605-1607, et à partir de 1609. Les dates de composition utilisées ici sont basées sur des preuves externes et internes, sur des considérations stylistiques et thématiques générales, et sur l'observation qu'une production de pas plus de deux pièces par an semble avoir été établie dans les périodes où la datation est plus claire que dans les autres.

Les deux poèmes narratifs de Shakespeare, VENUS AND ADONIS et THE RAPE OF LUCRECE, peuvent être datés avec certitude des années où la peste a mis fin aux représentations dramatiques à Londres, respectivement en 1592-1593 et 1593-1594, juste avant leur publication. Mais les sonnets posent des problèmes nombreux et variés ; ils ne peuvent avoir été écrits en une seule fois, et la plupart des spécialistes les situent dans la période 1593-1600. "Le Phénix et la Tortue" peut être daté de 1600-1601.

Les publications de William Shakespeare

Les compagnies d'acteurs londoniennes de la Renaissance étaient sans cesse à la recherche de nouvelles pièces. Elles payaient généralement à la pièce, à des auteurs indépendants. Shakespeare était une exception importante ; en tant que membre des Lord Chamberlain's Men, puis des King's Men, il écrivait pour sa compagnie en tant qu'actionnaire de leur entreprise capitaliste.

Les compagnies n'étaient pas très enthousiastes à l'idée de vendre leurs pièces aux éditeurs, surtout lorsque les pièces étaient encore populaires et au répertoire. Cependant, à certains moments, les compagnies peuvent être poussées à le faire : lorsqu'une compagnie se dissout ou lorsqu'elle est mise en inactivité forcée par des visites de la peste ou lorsque les pièces ne sont plus d'actualité.

Notez que les compagnies étaient propriétaires des pièces ; les auteurs individuels n'avaient aucun droit de propriété intellectuelle une fois que les pièces avaient été vendues aux acteurs.

Ces pièces étaient généralement publiées sous forme de quarto, c'est-à-dire imprimées sur les deux faces de grandes feuilles de papier comportant quatre pages imprimées de chaque côté. Lorsque la feuille était pliée deux fois et reliée, elle donnait huit pages imprimées à chaque "réunion". Quelques pièces étaient imprimées en octavo, la feuille étant pliée trois fois et donnant 16 pages imprimées plus petites à chaque rassemblement.

La moitié des pièces de William Shakespeare ont été imprimées en quarto (au moins une en octavo) de son vivant. Il arrivait qu'une pièce soit publiée dans un volume apparemment non autorisé, c'est-à-dire qui n'avait pas été vendu régulièrement par la compagnie à l'éditeur. La troupe de théâtre pouvait alors commander sa propre version autorisée.

La page de titre in-quarto de ROMÉO ET JULIETTE (1599), connue aujourd'hui sous le nom de second in-quarto, déclare qu'il s'agit d'un ouvrage " nouvellement corrigé, augmenté et amendé, tel qu'il a été diversement joué publiquement par le très honorable Lord Chamberlain, ses serviteurs ". Le deuxième in-quarto de Hamlet (1604-1605) s'annonce de la même manière comme "Nouvellement imprimé et agrandi à presque autant qu'il était, selon la vraie et parfaite copie."

En effet, le premier quarto d'HAMLET (1603) est considérablement plus court que le second, et il manque au premier quarto de ROMÉO ET JULIETTE quelque 800 lignes que l'on retrouve dans son successeur. Tous deux contiennent ce qui semble être des fautes d'impression ou d'autres erreurs qui sont ensuite corrigées dans le second quarto. Le premier in-quarto de LOVE'S LABOUR'S LOST (1598) se présente comme "Newly corrected and augmented", ce qui implique peut-être qu'il corrige lui aussi une version antérieure et non autorisée de la pièce, bien qu'aucune n'existe aujourd'hui.

Le statut de ces éditions et d'autres éditions apparemment non autorisées est aujourd'hui très débattu. Le point de vue plus ancien de A.W. Pollard, W.W. Greg, Fredson Bowers et d'autres praticiens de ce qu'on appelle la nouvelle bibliographie considère généralement ces textes comme suspects et peut-être piratés, soit par des visiteurs peu scrupuleux du théâtre, soit par des acteurs mineurs qui ont pris part à la représentation et qui ont ensuite été payés pour reconstituer les pièces de mémoire. Les textes non autorisés contiennent des éléments qui ressemblent au travail de témoins oculaires ou d'acteurs (et sont précieux pour cette raison). Dans certains cas, le texte non autorisé est nettement plus proche du texte autorisé lorsque certains acteurs mineurs sont sur scène qu'à d'autres moments, ce qui suggère que ces acteurs ont pu participer à une reconstitution mémorielle. Les pièces Henry VI, partie 2 et Henry VI, partie 3 sont apparues à l'origine dans des versions plus courtes qui ont pu être reconstituées de manière mémorielle par des acteurs.

Une école révisionniste de critique textuelle qui a gagné en popularité dans la dernière partie du XXe siècle a soutenu que ces textes pouvaient être des versions antérieures avec leur propre logique théâtrale et qu'ils devaient être considérés comme faisant partie d'un processus théâtral par lequel les pièces ont évolué sur scène. Il est certain que la situation varie d'un quarto à l'autre, et les quartos non autorisés sont incontestablement précieux pour la compréhension de l'histoire de la scène.

Plusieurs années après la mort de William Shakespeare en 1616, ses collègues des King's Men, John Heminge et Henry Condell, ont entrepris de réunir une édition collective.

Il est paru en 1623 sous le titre COMÉDIES, HISTOIRES ET TRAGÉDIES DE M. WILLIAM SHAKESPEARE, PUBLIÉES SELON LES VÉRITABLES COPIES ORIGINALES. Elle ne contenait pas les poèmes et laissait de côté PÉRICLÈS, dont la paternité était peut-être incertaine. Elle ne comprend pas non plus THE TWO NOBLE KINSMEN, EDWARD III, la partie du BOOK OF SIR THOMAS MORE à laquelle Shakespeare a peut-être contribué, ni le CARDENIO que Shakespeare semble avoir écrit avec John Fletcher et qui a peut-être servi de base au DOUBLE FALSEHOOD de Lewis Theobald en 1727. Elle comprend néanmoins 36 pièces, dont la moitié apparaît pour la première fois sous forme imprimée.

Heminge et Condell ont eu la lourde tâche de choisir les matériaux à présenter à l'imprimeur, car ils avaient en main un certain nombre de manuscrits d'auteurs, d'autres documents qui avaient servi de livrets d'accompagnement pour les représentations (ces documents étaient particulièrement précieux car ils portaient la licence de représentation), et quelque 18 pièces qui avaient été publiées.

Beaucoup de choses ont été découvertes par l'érudition textuelle après que Heminge et Condell aient fait leur travail initial, et le résultat a été une révision considérable de ce qui a été considéré comme le meilleur choix de texte original à partir duquel un éditeur devrait travailler. Pour les pièces publiées à la fois en format folio et en format quarto (ou octavo), la tâche de choisir était immensément compliquée.

Le Roi Lear est devenu un champ de bataille critique dans lequel les éditeurs se sont disputés la supériorité de diverses caractéristiques du texte in-quarto ou folio de 1608. Les deux textes diffèrent substantiellement et doivent en effet représenter des étapes différentes de la composition et de la mise en scène, de sorte que les deux sont indispensables à la compréhension de l'histoire textuelle et théâtrale de la pièce.

Il en va de même pour Hamlet, avec son quarto non autorisé de 1603, son quarto corrigé de 1604-1605 et le texte folio, tous très différents les uns des autres. Parmi les autres pièces pour lesquelles la relation textuelle entre le quarto et le folio est très problématique, citons TROILUS AND CRESSIDA, OTHELLO, HENRY IV, 2E PARTIE, Henry VI, 1re partie et HENRY VI, 2E PARTIE, THE MERRY WIVES OF WINDSOR, HENRY V et A MIDSUMMER NIGHT'S DREAM. La plupart des cas où il existe à la fois des originaux en quarto et en folio posent des problèmes intéressants.

Les situations individuelles sont trop complexes pour être décrites ici, mais des informations sont facilement disponibles dans les éditions critiques des pièces et des poèmes de Shakespeare, en particulier dans THE OXFORD SHAKESPEARE, dans une édition collectée et dans des éditions critiques individuelles ; THE NEW CAMBRIDGE SHAKESPEARE ; et la troisième série de THE ARDEN SHAKESPEAR.

Les pièces et les poèmes de Shakespeare

Les pièces de William Shakespeare. Par Sir John Gilbert, 1849

Les premières pièces

William Shakespeare est arrivé à Londres probablement à la fin des années 1580. Il était alors âgé d'une vingtaine d'années. On ne sait pas comment il a débuté dans le théâtre ni pour quelles compagnies il a écrit ses premières pièces, qui ne sont pas faciles à dater.

Indiquant une période d'apprentissage, ces pièces montrent une dette plus directe envers les dramaturges londoniens des années 1580 et les exemples classiques que ses œuvres ultérieures. Il a beaucoup appris sur l'écriture de pièces en imitant les succès du théâtre londonien, comme tout jeune poète et dramaturge en herbe pourrait le faire.

Titus Andronicus

TITUS ANDRONICUS (v. 1589-1592) en est un bon exemple. Première tragédie complète de Shakespeare, elle doit une grande partie de son thème, de sa structure et de son langage à LA TRAGÉDIE ESPAGNOLE de Thomas Kyd, qui a connu un énorme succès à la fin des années 1580.

Kyd avait trouvé la formule consistant à adapter la dramaturgie de Sénèque (le jeune), le grand philosophe et homme d'État stoïcien, aux besoins d'un nouveau théâtre londonien en plein essor. Le résultat fut la tragédie de la vengeance, un genre au succès étonnant qui allait être remodelé dans HAMLET et de nombreuses autres pièces de vengeance.

William Shakespeare a également emprunté une feuille à son grand contemporain Christopher Marlowe. Barabas, le protagoniste à l'allure de vice du JUIF DE MALTE de Marlowe, a peut-être inspiré Shakespeare pour sa représentation du vilain Aaron le Maure dans TITUS ANDRONICUS, bien que d'autres figures de vice lui soient également accessibles.

Le modèle sénèque a offert à Kyd, puis à Shakespeare, une histoire de vengeance sanglante, provoquée à l'origine par le meurtre ou le viol d'une personne dont les proches parents (pères, fils, frères) sont liés par un serment sacré de venger l'atrocité. Le vengeur doit agir avec prudence, car son adversaire est rusé, secret et impitoyable.

Le vengeur devient fou ou feint la folie pour cacher ses intentions. Il devient lui-même de plus en plus impitoyable à mesure qu'il avance vers son objectif de vengeance. En même temps, il hésite, car il est profondément bouleversé par des considérations éthiques. L'éthique de la vengeance s'oppose à celle de l'indulgence chrétienne.

Le vengeur peut voir l'esprit de la personne dont il doit venger la mort injustifiée. Il utilise le dispositif d'une pièce dans la pièce afin d'atteindre ses objectifs. La pièce se termine par un bain de sang et la justification du vengeur. Ce modèle est évident dans l'histoire de Titus Andronicus, dont les fils sont massacrés et la fille violée et mutilée, ainsi que dans l'histoire de Hamlet et d'autres encore.

Les premières comédies romantiques

À part TITUS ANDRONICUS, Shakespeare n'a pas expérimenté la tragédie formelle dans ses premières années. (Bien que ses pièces d'histoire anglaise de cette période mettent en scène des événements tragiques, leur thème est centré ailleurs). Le jeune dramaturge est plus rapidement attiré par la comédie, et connaît un succès plus immédiat. Pour cela, ses modèles sont les dramaturges Robert Greene et John Lyly, ainsi que Thomas Nashe.

Le résultat est un genre reconnaissable et distinctement shakespearien, même s'il a beaucoup appris de Greene et de Lyly : la comédie romantique. Comme dans l'œuvre de ses modèles, les premières comédies de Shakespeare se délectent d'histoires de cour amoureuse dans lesquelles une jeune femme courageuse et admirable (jouée par un jeune acteur) est opposée à son courtisan masculin.

Julia, l'une des deux jeunes héroïnes des Deux Gentilshommes de Vérone (vers 1590-1594), se déguise en homme pour suivre son amant, Protée, lorsqu'il est envoyé de Vérone à Milan. Elle découvre que ce dernier (qui porte le nom approprié du Proteus changeant de la mythologie grecque) accorde beaucoup trop d'attention à Sylvia, la bien-aimée de Valentine, le meilleur ami de Proteus.

L'amour et l'amitié se disputent ainsi la loyauté divisée de l'homme errant jusqu'à ce que la générosité de son ami et, surtout, la loyauté chaste et durable des deux femmes ramènent Protée à la raison. Le motif de la jeune femme déguisée en homme devait s'avérer inestimable pour Shakespeare dans les comédies romantiques suivantes, notamment LE MARCHAND DE VENISE, COMME IL VOUS PLAIRA et LA NUIT DES ROIS. Comme c'est généralement le cas pour Shakespeare, il a tiré l'essentiel de son intrigue d'une source narrative, en l'occurrence une longue romance espagnole en prose, la DIANA de Jorge de Montemayor.

La comédie de jeunesse de William Shakespeare la plus classiquement inspirée est La Comédie des Erreurs (v. 1589-1594). Ici, il s'est particulièrement tourné vers la pièce farcesque de Plaute intitulée les MENAECHMI (JUMEAUX). L'histoire d'un jumeau (Antipholus) à la recherche de son frère perdu, accompagné d'un serviteur intelligent (Dromio) dont le jumeau a également disparu, donne lieu à une farce d'erreurs d'identité qui explore également de manière réfléchie les questions d'identité et de connaissance de soi.

Les jeunes femmes de la pièce, l'une épouse d'Antipholus d'Éphèse (Adriana) et l'autre sa sœur (Luciana), s'engagent dans un dialogue significatif sur les questions d'obéissance et d'autonomie conjugales. Le mariage résout ces difficultés à la fin, comme c'est souvent le cas dans les comédies romantiques de Shakespeare, mais pas avant que les complications de l'intrigue n'aient mis à l'épreuve le besoin des personnages de savoir qui ils sont et ce que les hommes et les femmes devraient attendre les uns des autres.

La première comédie romantique de Shakespeare la plus redevable à John Lyly est Love's Labour's Lost (v. 1588-1597), une friandise située dans le pays jamais vu de Navarre où le roi et ses compagnons reçoivent la visite de la princesse de France et de ses dames d'honneur pour une mission diplomatique qui se transforme rapidement en jeu de séduction.

Comme c'est souvent le cas dans les comédies romantiques shakespeariennes, les jeunes femmes sont sûres de qui elles sont et de qui elles ont l'intention d'épouser ; on ne peut pas être certain qu'elles tombent réellement amoureuses, puisqu'elles commencent par savoir ce qu'elles veulent.

Les jeunes hommes, à l'inverse, s'abîment dans des tentatives comiquement futiles de fuir l'amour romantique pour se consacrer à des activités plus sérieuses. Ils se parjurent, sont humiliés et rabaissés, et les femmes leur pardonnent finalement leurs folies.

William Shakespeare dépeint avec brio la déconfiture masculine et l'assurance féminine alors qu'il explore le monde perfide mais désirable de l'attirance sexuelle, tandis que la gymnastique verbale de la pièce souligne l'émerveillement et la délicieuse folie de tomber amoureux.

Dans La Mégère apprivoisée (vers 1590-1594), William Shakespeare utilise un dispositif d'intrigues multiples qui deviendra une caractéristique standard de ses comédies romantiques. Dans l'une des intrigues, dérivée de l

SUPPOSITI (SUPPOSES) de Ludovico Ariosto, une jeune femme (Bianca) fait une cour risquée à un jeune homme qui semble être un précepteur, au grand dam de son père, qui espère la marier à un riche prétendant de son choix. Finalement, les erreurs d'identité sont corrigées et le prétendu précepteur s'appelle Lucentio, riche et convenable. Simultanément, Kate, la mégère de sœur de Bianca, dénonce (et terrorise) tous les hommes. Les prétendants de Bianca chargent Petruchio, plein d'assurance, de poursuivre Kate afin que Bianca, la jeune sœur, soit libre de se marier.

L'intrigue de la domestication de la femme est elle-même basée sur la tradition des contes et ballades dans lesquels les hommes assurent leur ascendant dans la relation conjugale en battant leur femme pour la soumettre.

William Shakespeare transforme ce matériau brut et antiféministe en une étude de la lutte pour la domination dans la relation conjugale. Et, alors qu'il opte dans cette pièce pour le triomphe de l'homme sur la femme, il donne à Kate un sens de l'humour qui lui permet de voir comment elle doit également jouer le jeu à son avantage. On peut dire qu'elle est heureuse à la fin avec une relation basée sur l'esprit et la camaraderie, alors que sa sœur Bianca s'avère être simplement gâtée.

Les premières histoires

Dans ses explorations de l'histoire de l'Angleterre, comme dans la comédie romantique, Shakespeare a apposé sa marque distinctive sur un genre et l'a fait sien. Ce genre était d'ailleurs inhabituel. Il n'existait pas encore de définition de la pièce historique anglaise, et il n'y avait pas de règles esthétiques concernant sa mise en forme. Le monde classique antique avait reconnu deux grandes catégories de genre, la comédie et la tragédie.

Aristote et d'autres critiques, dont Horace, avaient élaboré, au fil des siècles, des définitions classiques. La tragédie traite de la vie de grands personnages frappés par le désastre, est écrite en vers élevés et a pour cadre un monde mythologique et antique de dieux et de héros : Agamemnon, Thésée, Œdipe, Médée et les autres. La pitié et la terreur étaient les réactions émotionnelles dominantes dans les pièces qui cherchaient à comprendre, même imparfaitement, la volonté des dieux suprêmes.

La comédie classique, à l'inverse, mettait en scène le quotidien. Ses principaux personnages étaient des citoyens d'Athènes et de Rome, des ménagères, des courtisanes, des esclaves, des scélérats, etc. L'humour était immédiat, contemporain, d'actualité ; la moquerie était satirique, voire sauvage.

Les membres du public étaient invités à regarder des représentations mimétiques de leur propre vie quotidienne et à rire de la cupidité et de la folie.

La pièce d'histoire anglaise n'avait pas cette structure théorique idéale. C'était une invention existentielle : le traitement dramatique de l'histoire anglaise récente. Elle pouvait être tragique, comique ou, plus couramment, hybride. La liste des possibilités génériques de Polonius rend compte du potentiel ridicule d'hybridations sans fin : "tragédie, comédie, histoire, pastorale, pastorale-comique, historique-pastorale, tragique-historique, tragique-comique-historique-pastorale", et ainsi de suite (HAMLET, acte II, scène 2, lignes 397-399). (Par " pastorale ", Polonius entend vraisemblablement une pièce basée sur des romances racontant les bergers et la vie rurale, en contraste avec les corruptions de la ville et de la cour).

Les pièces historiques de Shakespeare ont connu un tel succès dans le théâtre londonien des années 1590 que les éditeurs des œuvres complètes de Shakespeare, en 1623, ont choisi de regrouper sa production dramatique sous trois rubriques : comédies, histoires et tragédies. Le genre s'est imposé par la seule force de sa popularité irrésistible.

En 1590 environ, William Shakespeare ne disposait que d'un seul modèle viable de pièce historique anglaise, un drame anonyme et tentaculaire intitulé THE FAMOUS VICTORIES OF HENRY THE FIFTH (1583-1588), qui racontait la saga du fils d'Henri IV, le prince Hal, depuis sa rébellion d'adolescent jusqu'à sa victoire sur les Français à la bataille d'Agincourt en 1415 - en d'autres termes, le matériau que Shakespeare utiliserait plus tard pour écrire trois pièces majeures, HENRY IV, 1ÈRE PARTIE, HENRY IV, 2ÈME PARTIE et Henry V.

William Shakespeare a choisi de commencer non pas avec le prince Hal, mais avec l'histoire plus récente du règne du fils d'Henri V, Henri VI, et avec les guerres civiles qui ont vu le renversement d'Henri VI par Édouard IV, puis l'accession au pouvoir en 1483 de Richard III.

Ce matériau s'est avéré si riche en thèmes et en conflits dramatiques qu'il en a tiré quatre pièces, une "tétralogie" allant de HENRY VI en trois parties (vers 1589-1593) à Richard III (vers 1592-1594).

Ces pièces ont connu un succès immédiat. Des références contemporaines indiquent que les spectateurs du début des années 1590 ont été enthousiasmés par l'histoire (dans HENRY VI, 1ÈRE PARTIE) du courageux Lord Talbot qui se bat en France contre la sorcière Jeanne d'Arc et son amant, le Dauphin français, mais qui est miné dans son effort héroïque par l'effémination et la corruption dans son pays.

Henri VI lui-même est, comme le dépeint William Shakespeare, un roi faible, élevé à la royauté par la mort précoce de son père, incapable de contrôler les factions au sein de sa cour et affaibli personnellement par son engouement pour une Française dangereuse, Marguerite d'Anjou.

Henri VI est cocufié par sa femme et son amant, le duc de Suffolk, et (dans HENRI VI, 2E PARTIE) s'avère incapable de défendre son oncle vertueux, le duc de Gloucester, contre des ennemis opportunistes.

Il en résulte des troubles civils, une rébellion de la classe inférieure (menée par Jack Cade) et, finalement, une guerre civile totale entre la faction des Lancaster, dirigée nominalement par Henri VI, et les revendicateurs Yorkistes sous la direction d'Édouard IV et de ses frères. RICHARD III complète la saga en racontant l'ascension maléfique de Richard de Gloucester par le meurtre de son frère, le duc de Clarence, et des deux fils d'Édouard IV, qui étaient également les neveux de Richard.

Le règne tyrannique de Richard cède finalement et inévitablement au nouveau prétendant au trône, Henry Tudor, comte de Richmond. C'est cet homme qui deviendra Henry VII, descendant de la dynastie Tudor et grand-père de la reine Elizabeth I, qui régnera de 1558 à 1603 et donc pendant toute la première décennie et plus de la carrière productive de Shakespeare.

La pièce d'histoire anglaise de Shakespeare racontait l'histoire du pays à une époque où la nation anglaise se débattait avec son propre sens de l'identité nationale et connaissait un nouveau sentiment de puissance. La reine Elizabeth avait apporté la stabilité et une relative absence de guerre au cours de ses décennies de règne. Elle a tenu à distance les puissances catholiques romaines du continent, notamment Philippe II d'Espagne, et, avec l'aide d'une tempête en mer, a repoussé les tentatives de

Philippe d'envahir son royaume avec la grande Armada espagnole de 1588.

En Angleterre, le triomphe de la nation était universellement perçu comme une délivrance divine. La deuxième édition des CHRONIQUES de Holinshed était à portée de main comme une vaste source pour l'écriture des pièces historiques de Shakespeare. Elle célébrait elle aussi l'émergence de l'Angleterre en tant que grande puissance protestante, dirigée par un monarque populaire et avisé.

Dans la perspective des années 1590, l'histoire du 15ème siècle semblait également nouvellement pertinente. L'Angleterre était sortie d'une terrible guerre civile en 1485, avec la victoire d'Henry Tudor sur Richard III à la bataille de Bosworth Field. Les principaux personnages de ces guerres, connues sous le nom de "guerres des Roses" - Henry Tudor, Richard III, le duc de Buckingham, Hastings, Rivers, Gray et bien d'autres - étaient très familiers aux lecteurs anglais contemporains.

Parce que les pièces historiques écrites par William Shakespeare au début des années 1590 avaient pour but de raconter la saga d'une nation émergente, elles ont une forte tendance à identifier des méchants et des héros. Shakespeare écrit des drames, pas des manuels scolaires, et il modifie librement les dates, les faits et les accents. Lord Talbot dans HENRY VI, 1ÈRE PARTIE est un héros parce qu'il meurt en défendant les intérêts anglais contre les Français corrompus. Dans HENRY VI, 2E PARTIE,

Humphrey, duc de Gloucester, est abattu par des opportunistes parce qu'il représente les meilleurs intérêts des roturiers et de la nation dans son ensemble.

Par-dessus tout, Richard de Gloucester est présenté comme un méchant qui incarne les pires aspects d'un siècle chaotique de conflits civils. Il fomente des conflits, des mensonges, des meurtres et fait des promesses scandaleuses qu'il n'a pas l'intention de tenir. C'est une figure brillamment théâtrale parce qu'il est si inventif et intelligent, mais il est aussi profondément menaçant.

Shakespeare lui donne tous les défauts que la tradition populaire a imaginés : un bossu, un œil maléfique qui brille, un génie conspirateur. Le vrai Richard n'était pas un tel scélérat, semble-t-il ; en tout cas, ses meurtres d'inspiration politique n'étaient pas pires que l'élimination systématique de toute opposition par son successeur, l'historique Henri VII.

La différence est qu'Henry VII a vécu pour charger les historiens de raconter l'histoire à sa manière, alors que Richard a tout perdu par la défaite. En tant que fondateur de la dynastie Tudor et grand-père de la reine Élisabeth, Henri VII pouvait inspirer un respect que même Shakespeare était tenu d'honorer, et par conséquent, le Henri Tudor qu'il incarne à la fin de RICHARD III est un patriote craignant Dieu et un mari aimant de la princesse yorkaise qui doit donner naissance à la prochaine génération de monarques Tudor.

RICHARD III est une pièce formidable, tant par sa longueur que par la description de bravoure de son protagoniste titulaire. Elle est qualifiée de tragédie sur sa page de titre originale, comme d'autres de ces premières pièces historiques anglaises. Certes, elles nous présentent des morts brutales et des chutes instructives de grands hommes de positions de haute autorité vers la dégradation et la misère.

Pourtant, ces pièces ne sont pas des tragédies au sens classique du terme. Elles contiennent tellement d'autres choses, et notamment elles se terminent sur une clé majeure : l'accession au pouvoir de la dynastie Tudor qui donnera à l'Angleterre ses grandes années sous Elizabeth.

L'histoire est celle d'une souffrance et d'un salut éventuel, d'une délivrance par les puissantes forces de l'histoire et d'une surveillance divine qui ne permettra pas à l'Angleterre de continuer à souffrir une fois qu'elle aura retrouvé la vraie voie du devoir et de la décence. Dans ce sens important, les premières pièces historiques ressemblent à des tragicomédies ou à des romances.

Les poèmes de William Shakespeare

William Shakespeare semble avoir voulu être un poète autant qu'il a cherché à réussir au théâtre. Ses pièces sont merveilleusement et poétiquement écrites, souvent en vers blancs. Et lorsqu'il a connu une pause dans sa carrière théâtrale vers 1592-1594, la peste ayant mis fin à une grande partie de l'activité théâtrale, il a écrit des poèmes.

VENUS AND ADONIS (1593) et THE RAPE OF LUCRECE (1594) sont les seules œuvres dont William Shakespeare semble avoir assuré l'impression. Tous deux doivent beaucoup à Ovide, le poète classique dont Shakespeare a rencontré les écrits à plusieurs reprises à l'école. Ces deux poèmes sont les seules œuvres pour lesquelles il a écrit des préfaces dédicatoires. Tous deux sont destinés à Henry Wriothesley, comte de Southampton.

Ce jeune homme, favori à la cour, semble avoir encouragé Shakespeare et lui avoir servi de parrain, du moins pendant une brève période. La dédicace du second poème est sensiblement plus chaleureuse que celle du premier. Une tradition peu fiable suppose que Southampton a donné à Shakespeare la participation dont il avait besoin pour entrer dans la toute nouvelle compagnie d'acteurs du Lord Chamberlain en 1594.

William Shakespeare devient un acteur-partenaire, l'un des propriétaires d'une entreprise capitaliste qui partage les risques et les gains entre eux. Cette entreprise réussit brillamment ; Shakespeare et ses collègues, dont Richard

Burbage, John Heminge, Henry Condell et Will Sly, deviennent riches grâce à leurs représentations dramatiques.

Il est possible que William Shakespeare ait également écrit au moins quelques-uns de ses sonnets à Southampton, en commençant dans ces mêmes années 1593-1594 et en continuant tout au long de la décennie et plus tard. La question de la base autobiographique des sonnets est très débattue, mais Southampton correspond au moins au portrait d'un jeune gentleman que l'on presse de se marier et de fonder une famille. (La famille de Southampton était désireuse qu'il fasse exactement cela).

Il est encore plus difficile de déterminer si le récit d'une relation forte et amoureuse entre le poète et son ami gentilhomme est autobiographique. En tant que récit, la séquence de sonnets parle d'attachement fort, de jalousie, de chagrin de la séparation, de joie d'être ensemble et de partager de belles expériences. L'accent mis sur l'importance de la poésie comme moyen d'éterniser les réalisations humaines et de créer un souvenir durable pour le poète lui-même est approprié à une amitié entre un poète de condition sociale modeste et un ami mieux né.

Lorsque la séquence de sonnets introduit la "Dark Lady", le récit devient celui d'une jalousie douloureuse et destructrice. Les chercheurs ne connaissent pas l'ordre dans lequel les sonnets ont été composés - Shakespeare ne semble pas avoir participé à leur publication - mais aucun autre ordre que celui de la publication n'a été proposé et, tels qu'ils sont, les sonnets racontent une histoire cohérente et inquiétante.

Le poète vit le sexe comme quelque chose qui le remplit de dégoût et de remords, du moins dans les circonstances lascives dans lesquelles il le rencontre. Son attachement au jeune homme est une relation amoureuse qui le soutient parfois plus que l'amour de la Dame noire ne peut le faire, et pourtant cette amitié amoureuse condamne aussi le poète à la déception et à la haine de soi. Que cette séquence reflète ou non des circonstances de la vie personnelle de Shakespeare, elle est certainement racontée avec une immédiateté et une puissance dramatique qui témoignent d'un don extraordinaire pour voir le cœur humain et ses peines.

Les comédies romantiques de William Shakespeare

Dans la seconde moitié des années 1590, William Shakespeare a porté à la perfection le genre de la comédie romantique qu'il avait contribué à inventer. Le Songe d'une nuit d'été (v. 1595-9156), l'une de ses pièces les plus réussies, présente le type d'intrigue multiple qu'il avait pratiqué dans LA MÉGÈRE APPRIVOISÉE et d'autres comédies antérieures.

L'intrigue principale est celle du duc Thésée d'Athènes et de son mariage imminent avec une guerrière amazone, Hippolyte, que Thésée a récemment conquise et ramenée à Athènes pour l'épouser. Leur mariage marque la fin de la pièce. Ils partagent cette cérémonie finale avec les quatre jeunes amants Hermia et Lysandre, Helena et Demetrius, qui se sont enfuis dans la forêt voisine pour échapper à la loi athénienne et pour se poursuivre l'un l'autre, après quoi ils sont soumis à une série compliquée de confusions.

Tout finit par s'arranger grâce à la magie des fées, mais les fées ne sont pas moins en conflit. Oberon, le roi des fées, se dispute avec sa reine Titania au sujet d'un garçon changé et la punit en la faisant tomber amoureuse d'un artisan athénien qui porte une tête d'âne. Les artisans sont dans la forêt pour répéter une pièce de théâtre pour le prochain mariage de Thésée et Hippolyte. Ainsi, quatre fils ou intrigues distincts interagissent les uns avec les autres. Malgré sa brièveté, la pièce est un chef-d'œuvre de construction artistique.

L'utilisation de plusieurs intrigues favorise un traitement varié de l'expérience de l'amour. Pour les deux jeunes couples humains, tomber amoureux est assez hasardeux ; l'amitié de longue date entre les deux jeunes femmes est menacée et presque détruite par les rivalités de la rencontre hétérosexuelle.

La transition éventuelle vers le mariage hétérosexuel leur semble avoir été un processus de rêve, voire de cauchemar, dont ils sortent miraculeusement restaurés dans leur meilleur état. Entre-temps, le conflit conjugal d'Oberon et de Titania est, de manière plus troublante, un conflit dans lequel la femme est humiliée jusqu'à ce qu'elle se soumette à la volonté de son mari.

De même, Hippolyte est une reine guerrière amazone qui a dû se soumettre à l'autorité d'un mari. Pères et filles ne sont pas moins en conflit jusqu'à ce que, comme dans un rêve, tout soit résolu par la magie de Puck et Oberon. L'amour est ambivalemment à la fois une relation idéale durable et une lutte pour la maîtrise dans laquelle le mâle a le dessus.

Le Marchand de Venise (vers 1596-1597) utilise une double structure d'intrigue pour opposer un récit de courtisanerie romantique à un récit qui frôle la tragédie. Portia est un excellent exemple d'héroïne romantique dans les comédies de la maturité de Shakespeare : elle est pleine d'esprit, riche, exigeante dans ses attentes envers les hommes et habile à se déguiser en homme pour faire sentir sa présence. Elle obéit loyalement à la volonté de son père et est pourtant déterminée à avoir Bassanio. Elle résout triomphalement les sombres affaires juridiques de Venise alors que les hommes ont tous échoué. Shylock, l'usurier juif, est sur le point d'exiger une livre de chair d'Antonio, l'ami de Bassanio, en paiement d'un prêt annulé. Portia le contrecarre dans sa tentative d'une manière à la fois intelligente et timide.

La sympathie est mal équilibrée dans le portrait que fait Shakespeare de Shylock, qui est à la fois persécuté par ses adversaires chrétiens et trop prêt à exiger œil pour œil selon la loi ancienne. En fin de compte, Portia triomphe, non seulement avec Shylock devant la cour de justice, mais aussi dans son mariage avec Bassanio.

Much Ado About Nothing (vers 1598-1599) revient sur la question des luttes de pouvoir dans la cour, à nouveau dans une intrigue double et révélatrice. La jeune héroïne de l'histoire la plus conventionnelle, dérivée de la fiction italianisante, est courtisée par un jeune aristocrate respectable nommé Claudio, qui a gagné ses galons et considère maintenant comme un devoir agréable de prendre une épouse.

Il sait si peu de choses sur Héro (comme on l'appelle) qu'il croit volontiers les preuves inventées par le méchant de la pièce, Don John, selon lesquelles elle a eu de nombreux amants, dont un la veille du mariage prévu. D'autres hommes également, dont Don Pedro, l'officier supérieur de Claudio, et Léonato, le père d'Héro, sont trop prêts à croire cette accusation calomnieuse. Ce ne sont que des circonstances comiques qui sauvent Héro de ses accusateurs et révèlent aux hommes qu'ils ont été trompés. Entre-temps, Béatrice, la cousine d'Héro, a du mal à surmonter son scepticisme à l'égard des hommes, même lorsqu'elle est courtisée par Bénédict, qui est également sceptique à l'égard du mariage.

Ici, les barrières à l'entente romantique sont intérieures et psychologiques et doivent être vaincues par les intrigues bon enfant de leurs amis, qui voient que Béatrice et Bénédict sont vraiment faits l'un pour l'autre par leur esprit et leur candeur, si seulement ils peuvent surmonter leur peur d'être plus malins l'un que l'autre. Dans ce que l'on pourrait considérer comme une brillante réécriture de LA MÉGÈRE APPRIVOISÉE, la bataille spirituelle des sexes n'est pas moins amusante et compliquée, mais l'arrangement final trouve quelque chose de beaucoup plus proche du respect mutuel et de l'égalité entre hommes et femmes.

Rosalind, dans As You Like It (vers 1598-1600), utilise le procédé désormais familier du déguisement en jeune homme afin de poursuivre l'objectif de promouvoir une relation riche et substantielle entre les sexes. Comme dans d'autres de ces pièces, Rosalind est plus stable et plus mûre sur le plan émotionnel que son jeune homme, Orlando.

Orlando n'a pas reçu d'éducation formelle et n'est pas très nette, bien que fondamentalement décente et séduisante. Elle est la fille du duc banni qui se voit obligée, à son tour, de se mettre en bannissement avec sa chère cousine Celia et le fou de la cour, Touchstone. Bien que le déguisement masculin de Rosalind soit d'abord un moyen de survie dans une forêt apparemment inhospitalière, il sert bientôt une fonction plus intéressante. En tant que "Ganymède", Rosalind se lie d'amitié avec Orlando, lui offrant des conseils en matière d'amour. Orlando, qui a bien besoin de ces conseils, accepte volontiers et entreprend de courtiser sa "Rosalind" ("Ganymède" jouant son propre rôle) comme si elle était une femme. Son point de vue amusant et ironique sur les folies du jeune amour permet de mettre fin à la position "pétrarquienne" exagérée et irréaliste d'Orlando, le jeune amoureux qui écrit des poèmes à sa maîtresse et les accroche aux arbres.

Une fois qu'il a appris que l'amour n'est pas une fantaisie d'attitudes inventées, Orlando est prêt à être le mari de la vraie jeune femme (en fait un garçon acteur, bien sûr) qui lui est présentée comme la Ganymède-Rosalind transformée.

D'autres personnages de la pièce contribuent, par leurs attitudes diverses, à faire comprendre la glorieuse folie de l'amour : Silvius, le courtisan au visage pâle sorti d'une romance pastorale ; Phoebe, la maîtresse dédaigneuse qu'il vénère ; William, le paysan, et Audrey, la paysanne ; et, examinant et commentant tous les types imaginables de folie humaine, le clown Touchstone et le voyageur mécontent Jaques.

La Douzième Nuit (vers 1600-02) poursuit un motif similaire de déguisement féminin. Viola, rejetée sur le rivage en Illyrie par un naufrage et obligée de se déguiser en jeune homme pour gagner une place à la cour du duc Orsino, tombe amoureuse du duc et utilise son déguisement comme couverture pour un processus éducatif qui n'est pas sans rappeler celui de Rosalind à Orlando.

Orsino est un amant aussi irréaliste qu'on puisse l'imaginer ; il fait une cour stérile à la comtesse Olivia et semble se satisfaire de la mélancolie amoureuse improductive dans laquelle il se vautre. Seule Viola, en tant que "Cesario", est capable d'éveiller en lui un véritable sentiment d'amitié et d'amour.

Ils deviennent des compagnons inséparables, puis des rivaux apparents pour la main d'Olivia jusqu'à ce que le changement presto de la magie scénique de Shakespeare soit capable de rendre à "Cesario" ses vêtements de femme et de présenter ainsi à Orsino la femme en chair et en os qu'il n'avait que lointainement imaginée.

Le passage de l'amitié homosexuelle à l'union hétérosexuelle est une constante de la comédie shakespearienne. La femme est celle qui se connaît, qui est constante et loyale ; l'homme doit apprendre beaucoup de la femme. Comme dans les autres pièces, LA NUIT DES ROIS joue habilement sur ce thème de la cour avec une deuxième intrigue, celle de l'illusion de Malvolio, qui croit être désiré par Olivia - une illusion qui ne peut être traitée que par les procédés satiriques de l'exposition et de l'humiliation.

The Merry Wives of Windsor (v. 1597-1601) est une déviation intéressante de la comédie romantique shakespearienne habituelle, car elle ne se déroule pas dans un lieu lointain imaginé comme Illyria ou Belmont ou la forêt d'Athènes, mais à Windsor, un village solidement bourgeois près du château de Windsor, au cœur de l'Angleterre.

Une tradition incertaine veut que la reine Elizabeth ait voulu voir Falstaff amoureux. Cependant, il n'y a guère de cour romantique (l'histoire d'Anne Page et de son prétendant Fenton est plutôt enterrée au milieu de tant d'autres événements), mais le portrait que la pièce fait des femmes, et en particulier des deux "joyeuses épouses", Mistress Alice Ford et Mistress Margaret Page, réaffirme ce qui est si souvent vrai des femmes dans ces premières pièces, à savoir qu'elles ont bon cœur, qu'elles sont chastement loyales et qu'elles ont de l'esprit. Falstaff, qui est une cible idéale pour leur intelligence, est un bouc émissaire qui doit être humilié publiquement afin de transférer sur lui les faiblesses humaines que la société de Windsor souhaite expulser.

Achèvement de l'histoire de l'anglais

Parallèlement à l'écriture de ces fines comédies romantiques, Shakespeare a également mené à bien (du moins pour le moment) son projet d'écrire l'histoire de l'Angleterre du XVe siècle.

Après avoir terminé en 1589-1594 la tétralogie sur Henri VI, Édouard IV et Richard III, ramenant l'histoire à 1485, puis vers 1594-96 une pièce sur Jean qui traite d'une période chronologique (le XIIIe siècle) qui la distingue nettement de ses autres pièces historiques, Shakespeare se tourne vers la fin du XIVe siècle et le début du XVe siècle et vers la chronique de Richard II, Henri IV et le légendaire fils d'Henri, Henri V.

Cette inversion de l'ordre historique dans les deux tétralogies a permis à Shakespeare de terminer son balayage de l'histoire anglaise de la fin du Moyen Âge avec Henri V, un roi héros comme Richard III ne pourra jamais prétendre l'être.

Richard II (c. 1595-1596), écrite entièrement en vers blancs, est une pièce sombre sur l'impasse politique. Elle ne contient presque pas d'humour, à l'exception d'une scène ironique dans laquelle le nouveau roi, Henri IV, doit trancher entre les revendications concurrentes du duc d'York et de sa duchesse, le premier souhaitant voir son fils Aumerle exécuté pour trahison et la seconde implorant la clémence.

Henry est capable d'être clément à cette occasion, puisqu'il a maintenant gagné la royauté, et donne ainsi à cette scène un mouvement optimiste. Plus tôt, cependant, l'ambiance est sinistre. Richard, installé à un âge précoce dans la royauté, s'avère irresponsable en tant que dirigeant. Il bannit injustement son propre cousin germain, Henry Bolingbroke (qui deviendra plus tard Henry IV), alors que le roi lui-même semble être coupable d'avoir ordonné le meurtre d'un oncle.

Lorsque Richard conserve le duché de Lancaster à Bolingbroke sans autorité légale appropriée, il parvient à s'aliéner de nombreux nobles et à encourager le retour d'exil de Bolingbroke. Ce retour, lui aussi, est illégal, mais c'est un fait, et lorsque plusieurs nobles (dont York) se rangent du côté de Bolingbroke, Richard est contraint d'abdiquer.

Les avantages et les inconvénients de cette lutte pour le pouvoir sont magistralement ambigus. L'histoire se déroule sans aucun sens de l'impératif moral. Henri IV est un souverain plus capable, mais son autorité est ternie par ses crimes (notamment son assentiment apparent à l'exécution de Richard), et sa propre rébellion semble apprendre aux barons à se rebeller à leur tour contre lui. Henri meurt finalement en homme déçu.

Le roi mourant Henri IV doit remettre l'autorité royale au jeune Hal, ou Henri, aujourd'hui Henri V. La perspective est sombre, tant pour le roi mourant que pour les membres de sa cour, car le prince Hal s'est surtout distingué jusqu'à présent par son penchant à fréquenter le peu recommandable mais attachant Falstaff.

Les tentatives de réconciliation du fils avec son père réussissent temporairement, notamment lorsque Hal sauve la vie de son père à la bataille de Shrewsbury, mais (surtout dans HENRY IV, 2E PARTIE) sa réputation de gaspilleur ne le quittera pas. Tout le monde attend de lui un règne de licence irresponsable, avec Falstaff dans une position influente. C'est pour ces raisons que le jeune roi doit répudier publiquement son vieux compagnon de la taverne et de la grand-route, même si cette répudiation lui serre le cœur et celui du public.

Falstaff, malgré toute sa débauche et son irresponsabilité, est contagieusement amusant et charmant ; il représente en Hal un esprit de vitalité juvénile qui n'est abandonné qu'avec le plus grand des regrets lorsque le jeune homme devient un homme et joue le rôle de prince héritier. Hal gère tout cela avec aplomb et va vaincre les Français avec force à la bataille d'Agincourt. Même ses frasques font partie de ce qui est si attirant chez lui. La maturité et la position ont un coût personnel important : Hal devient moins un être humain fragile et plus la figure de l'autorité royale.

Ainsi, dans ses pièces des années 1590, le jeune William Shakespeare se concentre dans une mesure remarquable sur les comédies romantiques et les pièces d'histoire anglaise. Les deux genres sont joliment complémentaires : l'un traite de la cour et du mariage, tandis que l'autre examine la carrière d'un jeune homme qui grandit pour devenir un roi digne de ce nom.

Ce n'est qu'à la fin des pièces historiques qu'Henri V entretient une relation amoureuse avec une femme, et ce cas est tout à fait différent de celui des comédies romantiques : Hal reçoit la princesse de France comme prix, comme récompense de sa robustesse d'homme. Il prend la tête de la scène de séduction dans laquelle il l'invite à se joindre à lui dans un mariage politique. Dans les comédies romantiques comme dans les pièces historiques anglaises, un jeune homme négocie avec succès les chemins hasardeux et potentiellement gratifiants de la maturation sexuelle et sociale.

Roméo et Juliette de William Shakespeare

En dehors de TITUS ANDRONICUS, la seule autre pièce écrite par Shakespeare avant 1599 qui soit classée comme une tragédie est Roméo et Juliette (vers 1594-96), qui est assez atypique des tragédies qui suivront.

Écrit plus ou moins à l'époque où Shakespeare écrivait Le SONGE D'UNE NUIT D'ÉTÉ, ROMÉO ET JULIETTE partage de nombreuses caractéristiques de la comédie romantique. Roméo et Juliette ne sont pas des personnes d'un rang ou d'une position sociale extraordinaire, comme Hamlet, Othello, le roi Lear et Macbeth.

Ils sont le garçon et la fille d'à côté, intéressants non pas pour leurs idées philosophiques mais pour leur amour séduisant l'un pour l'autre. Ce sont des types de personnages plus adaptés à la comédie classique dans la mesure où ils ne sont pas issus de la classe supérieure. Leurs familles riches sont essentiellement bourgeoises. L'empressement avec lequel Capulet et sa femme courtisent le comte de Paris comme gendre potentiel témoigne de leur désir d'ascension sociale.

Ainsi, la première moitié de ROMÉO ET JULIETTE est très drôle, tandis que son plaisir des formes en vers nous rappelle le SONGE D'UNE NUIT D'ÉTÉ. La paillardise de Mercutio et de la Nourrice convient parfaitement à la texture comique des premières scènes. Roméo, malencontreusement amoureux d'une Rosaline que nous ne rencontrons jamais, est une figure partiellement comique comme Silvius dans AS YOU LIKE IT. La courageuse Juliette, qui se connaît elle-même, ressemble beaucoup aux héroïnes des comédies romantiques. Elle est capable d'enseigner à Roméo comment parler franchement et sans affectation de leur amour, plutôt que dans les cadences effilochées du courtisan pétrarquiste.

La pièce est en fin de compte une tragédie, bien sûr, et prévient d'ailleurs son public dès le début que les amants sont "maudits". Pourtant, la vision tragique n'a rien à voir avec celle d'HAMLET ou du ROI LEAR. Roméo et Juliette sont des jeunes gens sympathiques et sans histoire, condamnés par une foule de considérations extérieures à eux-mêmes : l'inimitié de leurs deux familles, les malentendus qui empêchent Juliette de dire à ses parents qui elle a épousé, et même les coïncidences malheureuses (comme le détournement de la lettre envoyée à Roméo pour l'avertir du plan du frère pour sortir Juliette d'un sommeil de mort).

Pourtant, il y a l'élément de responsabilité personnelle sur lequel repose la plupart des tragédies de la maturité lorsque Roméo choisit de venger la mort de Mercutio en tuant Tybalt, sachant que cet acte annulera les douces grâces de l'indulgence que Juliette lui a enseignées. Roméo succombe à la pression machiste de ses compagnons masculins, et la tragédie résulte en partie de ce choix.

Pourtant, tant de choses sont à l'œuvre que le lecteur voit finalement ROMÉO ET JULIETTE comme une tragédie d'amour - célébrant la brièveté exquise du jeune amour, regrettant un monde insensible, et suscitant une réponse émotionnelle différente de celle produite par les autres tragédies. Roméo et Juliette sont, enfin, "Pauvres sacrifices de notre inimitié" (Acte V, scène 3, ligne 304). La réponse émotionnelle que suscite la pièce est forte, mais elle ne ressemble pas à celle que provoquent les tragédies postérieures à 1599.

Des pièces qui impliquent des problèmes

Quelles que soient ses raisons, vers 1599-1600, William Shakespeare s'est tourné avec une intensité sans partage vers l'exploration de sujets plus sombres tels que la vengeance, la jalousie sexuelle, le vieillissement, la crise de la quarantaine et la mort.

Peut-être William Shakespeare a-t-il vu que sa propre vie entrait dans une nouvelle phase d'expériences plus complexes et plus contrariantes. Peut-être a-t-il senti, ou pressenti, qu'il avait dépassé la comédie romantique et la pièce historique, ainsi que les trajectoires émotionnelles de maturation qu'elles englobaient.

Quoi qu'il en soit, William Shakespeare a commencé à écrire non seulement ses grandes tragédies, mais aussi un groupe de pièces qu'il est difficile de classer en termes de genre. On les regroupe parfois aujourd'hui sous le nom de pièces "à problèmes" ou de comédies "à problèmes". L'examen de ces pièces est essentiel pour comprendre cette période de transition de 1599 à 1605.

Les trois pièces problématiques datant de ces années sont All's Well That Ends Well, MEASURE FOR MEASURE, et TROILUS AND CRESSIDA. All's Well est une comédie qui se termine par l'acceptation du mariage, mais d'une manière qui pose d'épineuses questions éthiques. Le comte Bertram ne peut initialement pas accepter son mariage avec Helena, une femme d'un rang social inférieur qui a grandi dans sa noble maison et qui a gagné Bertram comme mari grâce à sa guérison apparemment miraculeuse du roi de France.

La réticence de Bertram à faire face aux responsabilités du mariage est d'autant plus consternante lorsqu'il tourne ses intentions amoureuses vers une jeune fille florentine, Diana, qu'il souhaite séduire sans mariage.

Le stratagème d'Helena pour résoudre cette difficulté est ce qu'on appelle le tour du lit, qui consiste à se substituer à Bertram dans son lit pour le rendez-vous arrangé, puis à demander des comptes à son mari volage lorsqu'elle est enceinte de lui. Elle parvient à ses fins par des moyens si moralement ambigus que le mariage semble être, au mieux, une institution précaire sur laquelle se fondent les présumées assurances de la comédie romantique. Le chemin vers la résolution et la maturité émotionnelle n'est pas facile ; Helena est une héroïne plus ambiguë que Rosalind ou Viola.

Mesure pour mesure (v. 1603-1604) utilise de la même façon le tour du lit, et dans un but similaire, mais dans des circonstances encore plus obscures. Isabella, sur le point de se faire nonne, apprend qu'elle a attiré le désir sexuel de Lord Angelo, l'adjoint au gouverneur de Vienne qui sert en l'absence mystérieuse du duc.

Lorsqu'elle plaide auprès d'Angelo pour la vie de son frère, alors que ce dernier (Claudio) a été condamné à mort pour avoir forniqué avec sa fiancée, on lui demande de coucher avec Angelo ou de renoncer à la vie de Claudio. Ce dilemme éthique est résolu par une ruse (imaginée par le duc, sous un déguisement) consistant à substituer à Isabella une femme (Mariana) qu'Angelo était censé épouser mais qui a refusé lorsqu'elle n'a pas pu fournir de dot. Les motivations du duc dans la manipulation de ces substitutions et fausses apparences ne sont pas claires, mais on peut penser qu'il souhaite voir ce que les différents personnages de la pièce feront lorsqu'ils seront confrontés à des choix apparemment impossibles.

Angelo se révèle être un homme moralement déchu, un séducteur et un meurtrier en puissance qui a néanmoins des remords et qui est finalement heureux d'avoir été empêché de commettre ses crimes ; Claudio apprend qu'il est assez lâche pour vouloir vivre par tous les moyens, y compris le chantage émotionnel et physique de sa sœur ; et Isabella apprend qu'elle est capable d'amertume et de haine, même si, de manière cruciale, elle découvre finalement qu'elle peut et doit pardonner à son ennemi.

Sa charité, et les stratagèmes du duc, rendent possible une fin dans le pardon et le mariage, mais dans ce processus, la nature et la signification du mariage sont sévèrement testées.

Le Globe Theatre reconstruit sur la rive sud de la Tamise à Londres.

Troilus et Cressida (vers 1601-1602) est la plus expérimentale et la plus déroutante de ces trois pièces. Du simple point de vue du genre, elle est pratiquement inclassable. Il peut difficilement s'agir d'une comédie, puisqu'elle se termine par la mort de Patroclus et d'Hector et la défaite imminente des Troyens. La fin n'est pas non plus normative en termes de comédie romantique : les amants, Troilus et Cressida, sont séparés l'un de l'autre et aigris par l'échec de leur relation.

La pièce est en quelque sorte une pièce d'histoire, puisqu'elle traite de la grande guerre de Troie célébrée dans l'Iliade d'Homère, et pourtant son but n'est guère de raconter l'histoire de cette guerre. En tant que tragédie, elle laisse perplexe dans la mesure où les principaux personnages de la pièce (à l'exception d'Hector) ne meurent pas à la fin, et où l'ambiance est à la désolation et même au dégoût plutôt qu'à la catharsis tragique. Peut-être devrait-on considérer la pièce comme une satire ; les observations chorales de Thersites et de Pandarus servent tout au long de la pièce de commentaire mordant sur l'interconnexion de la guerre et de la débauche.

Avec une ambiguïté appropriée, la pièce a été placée dans le Folio de 1623 entre les histoires et les tragédies, dans une catégorie à part. Il est clair que dans ces pièces à problèmes, Shakespeare s'est ouvert à une foule de nouveaux problèmes en termes de genre et de sexualité humaine.

Jules César de William Shakespeare

Écrit en 1599 (la même année qu'HENRY V) ou 1600, probablement pour l'ouverture du Globe Theatre sur la rive sud de la Tamise, Jules César illustre de manière similaire la transition de l'écriture de Shakespeare vers des thèmes plus sombres et la tragédie.

Il s'agit également d'une pièce historique dans un sens, qui traite d'une civilisation non chrétienne existant 16 siècles avant que Shakespeare n'écrive ses pièces. L'histoire romaine a ouvert à Shakespeare un monde dans lequel le dessein divin n'était pas facile à déterminer. Les personnages de Jules César interprètent diversement le grand événement qu'est l'assassinat de César comme un événement dans lequel les dieux sont en colère, désintéressés, capricieux ou tout simplement absents. Le sage Cicéron observe : " Les hommes peuvent interpréter les choses à leur façon, / Sans tenir compte du but des choses elles-mêmes " (Acte I, scène 3, lignes 34-35).

Dans Jules César, l'histoire humaine semble suivre un modèle d'ascension et de chute, d'une manière plus cyclique que divine. César connaît ses jours de triomphe, jusqu'à ce qu'il soit abattu par les conspirateurs ; Brutus et Cassius accèdent au pouvoir, mais pas pour longtemps. Les tentatives de Brutus pour protéger le républicanisme romain et la liberté des citoyens de la ville de se gouverner eux-mêmes selon la tradition sénatoriale aboutissent à la destruction des libertés auxquelles il tenait le plus. Lui et Cassius rencontrent leur destin à la bataille de Philippes.

Ce sont des personnages véritablement tragiques, en particulier Brutus, dans la mesure où leur caractère essentiel est leur destin ; Brutus est un homme bon mais aussi fier et têtu, et ces dernières qualités entraînent finalement sa mort. La première grande tragédie de Shakespeare est romaine dans son esprit et classique dans sa notion de caractère tragique. Elle montre ce que Shakespeare a dû apprendre du précédent classique lorsqu'il s'est mis à la recherche de modèles utilisables dans la tragédie.

Les Tragédies

Hamlet (v. 1599-1601), quant à lui, choisit un modèle tragique plus proche de celui de TITUS ANDRONICUS et de LA TRAGÉDIE ESPAGNOLE de Kyd. Dans sa forme, HAMLET est une tragédie de la vengeance. Elle présente des caractéristiques que l'on retrouve également dans TITUS : un protagoniste chargé de venger un crime odieux commis contre sa famille, un antagoniste rusé, l'apparition du fantôme de la personne assassinée, la feinte de la folie pour éloigner les soupçons du méchant, le jeu dans le jeu comme moyen de tester le méchant, et bien d'autres choses encore.

Pourtant, chercher ces comparaisons revient à mettre en lumière ce qu'il y a de si extraordinaire dans Hamlet, car il refuse d'être une simple tragédie de la vengeance. Le protagoniste de Shakespeare est unique dans le genre par ses scrupules moraux et, surtout, par le fait qu'il trouve le moyen d'exécuter son terrible commandement sans devenir un meurtrier de sang-froid.

Hamlet agit de manière sanglante, notamment lorsqu'il tue Polonius, pensant que le vieil homme caché dans la chambre de Gertrude doit être le roi qu'Hamlet est chargé de tuer. L'acte semble plausible et fortement motivé, et pourtant Hamlet voit immédiatement qu'il a commis une erreur.

Il a tué la mauvaise personne, même si Polonius l'a provoqué lui-même par son espionnage incessant. Hamlet voit qu'il a offensé le ciel et qu'il devra payer pour son acte.

Lorsque, à la fin de la pièce, Hamlet rencontre son destin dans un duel avec Laertes, le fils de Polonius, il interprète sa propre histoire tragique comme une histoire à laquelle la Providence a donné un sens. En s'en remettant à la Providence et en croyant dévotement qu'" il y a une divinité qui façonne nos fins, / les malmène comme nous le voulons " (Acte V, scène 2, lignes 10-11), Hamlet se trouve prêt pour une mort qu'il a tant désirée. Il trouve également l'occasion de tuer Claudius de façon presque non préméditée, spontanée, comme un acte de représailles pour tout ce que Claudius a fait.

Hamlet trouve ainsi un sens tragique à sa propre histoire. De manière plus générale, il a également cherché un sens à toutes sortes de dilemmes : le mariage trop précipité de sa mère, la faiblesse d'Ophélie qui succombe à la volonté de son père et de son frère, le fait d'être espionné par ses anciens amis Rosencrantz et Guildenstern, et bien d'autres choses encore.

Ses propos sont souvent décourageants, d'une honnêteté implacable et d'une profondeur philosophique, car il réfléchit à la nature de l'amitié, de la mémoire, de l'attachement romantique, de l'amour filial, de l'asservissement sensuel, des habitudes corruptrices (alcool, désir sexuel) et de presque toutes les phases de l'expérience humaine.

L'un des aspects remarquables des grandes tragédies de Shakespeare (Hamlet, Othello, Le Roi Lear, Macbeth, et surtout Antoine et Cléopâtre) est qu'elles passent par une gamme aussi stupéfiante d'émotions humaines, et en particulier les émotions qui conviennent aux années de maturité du cycle humain.

Antony and Cleopatra, écrit vers 1606-1607 alors que Shakespeare avait environ 42 ans, étudie le phénomène exaltant mais finalement consternant de la crise de la quarantaine. Shakespeare fait vivre à ses lecteurs par procuration ces expériences de vie, tandis qu'il s'efforce lui-même de saisir, sous une forme tragique, leurs terreurs et leurs défis.

Ces pièces traitent en profondeur des relations domestiques et familiales. Dans Othello, Desdémone est la fille unique de Brabantio, un sénateur vénitien vieillissant, qui meurt le cœur brisé parce que sa fille s'est enfuie avec un homme à la peau sombre qui est son aîné de plusieurs années et qui est d'une autre culture.

Avec Othello, Desdémone est brièvement heureuse, malgré sa désobéissance filiale, jusqu'à ce qu'une terrible jalousie sexuelle s'éveille en lui, sans autre cause que ses propres craintes et sa susceptibilité aux insinuations de Iago selon lesquelles il est tout à fait "naturel" que Desdémone recherche le plaisir érotique avec un jeune homme qui partage son milieu.

Poussé par une peur et une haine profondément irrationnelles des femmes et semblant se méfier de sa propre masculinité, Iago ne peut apaiser son tourment intérieur qu'en persuadant d'autres hommes comme Othello que leur destin inévitable est d'être cocufiés. En tant que tragédie, la pièce illustre adroitement le modèle classique traditionnel de l'homme de bien amené au malheur par l'hamartia, ou défaut tragique ; Othello se plaint d'avoir "aimé non pas sagement, mais trop bien" (acte V, scène 2, ligne 354). Il faut cependant rappeler que Shakespeare n'est pas fidèle à ce modèle classique.

Hamlet, par exemple, est une pièce qui ne fonctionne pas bien en termes aristotéliciens. La recherche d'un hamartia aristotélicien a trop souvent conduit à l'argument banal selon lequel Hamlet souffre de mélancolie et d'une incapacité tragique à agir, alors qu'une lecture plus plausible de la pièce soutient que trouver la bonne ligne de conduite est hautement problématique pour lui et pour tout le monde.

Hamlet voit de tous côtés des exemples de ceux dont les actions directes conduisent à des erreurs fatales ou à des ironies absurdes (Laertes, Fortinbras), et en effet, son propre meurtre rapide de l'homme qu'il suppose être Claudius, caché dans la chambre de sa mère, s'avère être une erreur pour laquelle il réalise que le ciel lui demandera des comptes.

Filles et pères sont également au cœur du principal dilemme du Roi Lear. Dans cette configuration, Shakespeare fait ce qu'il fait souvent dans ses pièces tardives : effacer l'épouse du tableau, de sorte que le père et la ou les filles sont laissés à eux-mêmes.

En bannissant sa fille préférée, Cordélia, à cause de son refus laconique de proclamer que son amour pour lui est l'essence même de son être, Lear inflige à ce roi vieillissant le terrible châtiment d'être rabaissé et rejeté par ses filles ingrates, Goneril et Régan. Parallèlement, dans la deuxième intrigue de la pièce, le comte de Gloucester commet une erreur similaire avec son fils au grand cœur, Edgar, et se livre ainsi aux mains de son fils illégitime, Edmund. Ces deux vieux pères errants sont finalement nourris par les enfants loyaux qu'ils ont bannis, mais pas avant que la pièce n'ait testé jusqu'à sa limite absolue la proposition selon laquelle le mal peut s'épanouir dans un monde mauvais.

Les dieux semblent indifférents, voire totalement absents ; les appels à l'aide qui leur sont adressés restent lettre morte, tandis que la tempête de la fortune s'abat sur la tête de ceux qui ont fait confiance aux piécettes conventionnelles. Une partie de la grandeur de cette pièce réside dans le fait que la mise à l'épreuve des personnages principaux les oblige à chercher des réponses philosophiques qui peuvent armer les cœurs résolus contre l'ingratitude et le malheur en leur rappelant constamment que la vie ne leur doit rien.

Les consolations de la philosophie précieusement découvertes par Edgar et Cordelia sont celles qui s'appuient non pas sur les dieux supposés mais sur une force morale intérieure exigeant que l'on soit charitable et honnête parce que la vie est autrement monstrueuse et sous-humaine. La pièce impose un prix terrible à ceux qui persévèrent dans la bonté, mais elle les laisse, ainsi que le lecteur ou le public, avec l'assurance qu'il est tout simplement préférable d'être une Cordélia plutôt qu'une Goneril, d'être un Edgar plutôt qu'un Edmund.

Macbeth est, à certains égards, la tragédie la plus troublante de Shakespeare, car elle invite à un examen intense du cœur d'un homme bien intentionné à bien des égards, mais qui découvre qu'il ne peut pas résister à la tentation de parvenir au pouvoir à tout prix.

Macbeth est une personne sensible, voire poétique, et en tant que tel, il comprend avec une clarté effrayante les enjeux de l'acte de meurtre qu'il envisage. Duncan est un roi vertueux et son invité. L'acte est un régicide et un meurtre et une violation des obligations sacrées de l'hospitalité.

Pity de William Blake, 1795, Tate Britain, est une illustration de deux simulations dans Macbeth

Le seul facteur qui pèse de l'autre côté est l'ambition personnelle, dont Macbeth comprend qu'elle est un défaut moral. La question de savoir pourquoi il procède au meurtre trouve une réponse partielle dans les tentations insidieuses des trois sœurs bizarres, qui sentent la vulnérabilité de Macbeth à leurs prophéties, et dans la force terrifiante de sa femme, qui le pousse au meurtre en décrivant sa réticence comme un manque d'humanité.

En fin de compte, cependant, la responsabilité incombe à Macbeth. Son effondrement de l'intégrité morale confronte le public et l'implique peut-être. La loyauté et la décence de personnages tels que Macduff compensent à peine ce qui est si douloureusement faible chez le protagoniste de la pièce.

Macbeth consultant la vision de la tête armée. Par Henry Fuseli, 1793-1794

ANTOINE ET CLÉOPÂTRE aborde la fragilité humaine en des termes moins terrifiants sur le plan spirituel. L'histoire des amants est certainement celle d'un échec mondain. Les VIES de Plutarque ont donné à Shakespeare la leçon d'un général courageux qui a perdu sa réputation et son estime de soi à cause de son engouement pour une femme certes séduisante mais néanmoins dangereuse.

William Shakespeare ne change aucune des circonstances : Antoine se déteste pour avoir flirté en Égypte avec

Cléopâtre, accepte d'épouser Octavie, la sœur d'Octavius César, pour retrouver son statut dans le triumvirat romain, finit par tromper Octavie, perd la bataille d'Actium à cause de son attirance fatale pour Cléopâtre, et meurt en Égypte en guerrier vaincu et vieillissant.

William Shakespeare ajoute à ce récit un portrait fascinant de la crise de la quarantaine. Antoine est profondément angoissé par la perte de sa puissance sexuelle et de sa position dans le monde des affaires. La vie amoureuse de William Shakespeare en Égypte est manifestement une tentative d'affirmer et de récupérer son pouvoir masculin en déclin.

Pourtant, le modèle romain n'est pas, dans la pièce de Shakespeare, le choix inébranlable de la vertu qu'il est dans Plutarque. Dans ANTOINE ET CLÉOPÂTRE, le comportement romain encourage l'attention au devoir et à la réussite dans le monde, mais, tel qu'il est incarné par le jeune Octavius, il est aussi obsessionnellement masculin et cynique envers les femmes. Octavius a l'intention de capturer Cléopâtre et de la ramener en triomphe à Rome, c'est-à-dire de mettre en cage la femme indisciplinée et de la placer sous le contrôle d'un homme.

Lorsque Cléopâtre perçoit cet objectif, elle choisit un noble suicide plutôt que l'humiliation par un mâle patriarcal. Dans son suicide, Cléopâtre avoue qu'elle a appelé "le grand âne César / Sans-police" (Acte V, scène 2, lignes 307-308). On lui préfère de loin le rêve éphémère de grandeur avec Antoine, tous deux sans entraves, divins, comme Isis et Osiris, immortalisés comme des amants héroïques, même si les circonstances réelles de leur vie ont souvent été décevantes, voire sordides.

La vision de cette tragédie est délibérément instable, mais dans sa forme la plus éthérée, elle encourage une vision de la grandeur humaine qui est éloignée du mal qui corrompt l'âme de MACBETH ou du ROI LEAR.

Deux tragédies tardives choisissent également le monde antique classique comme cadre, mais le font d'une manière profondément décourageante. Shakespeare semble s'être beaucoup préoccupé de l'ingratitude et de la cupidité humaine à cette époque.

Timon d'Athènes (v. 1605-1608), probablement une pièce inachevée et probablement jamais produite, nous montre d'abord un homme prospère et légendaire pour sa générosité. Lorsqu'il découvre qu'il a dépassé ses moyens, il se tourne vers ses amis apparents pour leur demander le genre d'aide qu'il leur a apportée, mais il découvre que leur mémoire est courte. Se retirant dans un isolement amer, Timon s'insurge contre toute humanité et refuse toute forme de consolation, même celle de la compagnie bien intentionnée et de la sympathie d'un ancien serviteur. Il meurt dans l'isolement.

L'amertume non soulagée de ce récit n'est que partiellement améliorée par l'histoire du capitaine militaire Alcibiade, qui a également fait l'objet de l'ingratitude et de l'oubli des Athéniens, mais qui parvient à la fin à réaffirmer son autorité. Alcibiade décide de s'accommoder de la condition misérable de l'humanité, mais Timon ne veut rien entendre. On a rarement écrit une pièce aussi irrévérencieuse et amère.

Coriolanus (vers 1608) dépeint de la même manière les réactions ingrates d'une ville envers son héros militaire. Le problème est compliqué par le fait que Coriolanus, encouragé par sa mère et ses alliés conservateurs, entreprend un rôle politique à Rome pour lequel il n'a pas le tempérament.

Ses amis le pressent de retenir son discours intempestif jusqu'à ce qu'il soit élu, mais Coriolanus est trop franc pour faire preuve de tact de cette façon. Son mépris pour les plébéiens et leurs dirigeants politiques, les tribuns, est sans appel.

Sa philosophie politique, bien qu'implacablement aristocratique et snob, est cohérente et théoriquement sophistiquée ; les citoyens sont, selon lui, incapables de se gouverner judicieusement. Pourtant, sa fureur ne fait qu'empirer les choses et le conduit à un exil d'où il revient pour conquérir sa propre ville, en s'alliant avec son vieil ennemi et ami, Aufidius.

Lorsque sa mère sort dans la ville pour plaider en faveur de sa vie et de celle des autres Romains, il cède et tombe alors dans la défaite, comme une sorte de fils à maman, incapable d'affirmer son propre sentiment d'identité. En tant que tragédie, CORIOLANUS est à nouveau amer, satirique, et se termine par une défaite et une humiliation. Il s'agit d'une pièce d'une immense puissance, qui capture l'atmosphère philosophique de nihilisme et d'amertume qui plane sur les écrits de Shakespeare tout au long de ces années de la première décennie du XVIIe siècle.

Les pièces de Romance de William Shakespeare

Parallèlement, néanmoins, puis dans les années qui suivent, Shakespeare se tourne à nouveau vers l'écriture de comédies. Les comédies tardives sont généralement appelées romances ou tragicomédies car elles racontent des histoires d'errance et de séparation menant finalement à des retrouvailles pleines de larmes et de joie.

Elles sont imprégnées d'une atmosphère douce-amère qui semble convenir parfaitement à un écrivain qui a exploré avec une honnêteté sans faille les profondeurs de la souffrance et de la dégradation humaines dans les grandes tragédies.

Périclès, écrit peut-être en 1606-1608 et basé sur le conte familier d'Apollonius de Tyr, peut impliquer une certaine collaboration d'auteurs ; le texte est inhabituellement imparfait, et il n'est pas apparu dans le Folio de 1623. Il emploie un personnage de chœur, John Gower (auteur d'une version antérieure de cette histoire), pour guider le lecteur ou le spectateur autour de la Méditerranée sur les divers voyages de Périclès, alors qu'il évite le mariage avec la fille du roi incestueux Antiochus d'Antioche ; épouse Thaisa, la fille du roi Simonides de Pentapolis ; Il croit que sa femme est morte en couches lors d'une tempête en mer et fait jeter son corps par-dessus bord pour apaiser les craintes superstitieuses des marins. Il confie sa fille Marina à Cléon de Tarse et à sa méchante épouse, Dionysa, et finit par retrouver sa femme et son enfant après de nombreuses années. L'histoire est une romance typique.

William Shakespeare ajoute des scènes touchantes de retrouvailles et la perception que, sous le récit naïf du voyage, se cache une dramatisation subtile de la séparation, de la perte et du rétablissement. Périclès est profondément accablé par sa perte et peut-être aussi par un sentiment de culpabilité pour avoir consenti à jeter le corps de sa femme à la mer. Il ne sort de son désespoir que grâce aux soins d'une fille aimante, qui parvient à lui donner une raison de vivre à nouveau, puis à retrouver sa femme.

Le Conte d'hiver (vers 1609-1611) est en quelque sorte une relecture de cette même histoire, dans la mesure où le roi Léontès de Sicile, frappé par une jalousie irrationnelle à l'égard de sa femme, Hermione, provoque la mort apparente de cette dernière et la mort réelle de leur fils. La culpabilité qui en résulte est insupportable pour Leontes et pourtant, elle est finalement guérie au cours des nombreuses années nécessaires pour que sa fille unique, Perdita (qu'il a également failli tuer), atteigne la maturité dans la lointaine Bohême. Cette histoire est également basée sur une romance en prose, en l'occurrence PANDOSTO de Robert Greene.

Les retrouvailles avec la fille puis la femme sont profondément touchantes, comme dans Périclès, avec la touche magique supplémentaire que le public ne sait pas qu'Hermione est vivante et qu'on lui a en fait dit qu'elle était morte. Son apparition merveilleusement mise en scène, telle une statue revenant à la vie, est l'un des plus grands coups de théâtre de Shakespeare, jouant comme il le fait avec les thèmes shakespeariens favoris dans ces pièces tardives de la fille secourable, du mari rongé par la culpabilité et de l'épouse miraculeusement retrouvée.

L'histoire est d'autant plus émouvante quand on sait que William Shakespeare a peut-être vécu, ou imaginé, une expérience similaire en tentant de retrouver une relation avec sa femme, Anne, qu'il avait laissée à Stratford pendant ses nombreuses années passées à Londres.

Dans Cymbeline (vers 1608-1610), le roi Cymbeline pousse sa vertueuse fille Imogen à l'exil en s'opposant à son mariage avec Posthumus Leonatus. La femme, dans ce cas, est la méchante reine de Cymbeline, une belle-mère méchante stéréotypée dont le fils Cloten (le demi-frère d'Imogen), débauché et sans esprit, est l'incarnation de tout ce qui menace et retarde l'éventuelle fin heureuse de ce conte. Posthumus, lui aussi, fait défaut à Imogen en étant irrationnellement jaloux d'elle, mais il finit par retrouver la foi en sa bonté.

Le portrait sombre de la reine illustre l'ambivalence de la vision que Shakespeare a de la mère dans ses dernières pièces. Cette reine est la méchante marâtre, comme Dionyza dans PÉRICLÈS ; dans son implacable désir de contrôle, elle rappelle aussi Lady Macbeth et les sœurs bizarres de MACBETH, ainsi que la mère de Coriolanus,

Volumnia. La mère dévorante est une présence rédhibitoire dans les pièces tardives, bien qu'elle soit contrebalancée par des figures maternelles rédemptrices comme Hermione dans LE CONTE D'HIVER et Thaisa dans PÉRICLÈS.

La Tempête (vers 1611) résume une grande partie de ce qu'était l'art mature de Shakespeare. Une fois encore, nous retrouvons un père sans femme avec une fille, dans ce cas sur une île déserte où le père, Prospero, est entièrement responsable de l'éducation de sa fille. Il se comporte également comme un dramaturge responsable de l'ensemble de la pièce, organisant sa vie et celle des autres personnages. Il profite d'une tempête en mer pour amener le jeune Ferdinand en compagnie de sa fille ; Ferdinand est le choix de Prospero, car ce mariage résoudra l'âpre dispute entre Milan et Naples - survenue après que cette dernière a soutenu Antonio, le frère usurpateur de Prospero, dans sa revendication du duché de Milan - qui a conduit au bannissement de Prospero.

En même temps, Ferdinand est certainement le choix de Miranda aussi ; les deux tombent instantanément amoureux, anticipant la fin heureuse romantique désirée. Cette fin signifiera également la fin de la carrière d'artiste et de dramaturge de Prospero, car il est proche de la retraite et sent que son don ne restera pas avec lui pour toujours. L'esprit emprisonné Ariel, incarnation de ce don temporaire et précieux, doit être libéré dans les derniers moments de la pièce. Caliban aussi doit être libéré, car

Prospero a fait tout ce qu'il pouvait pour éduquer et civiliser cet homme naturel. L'art ne peut aller plus loin.

LA TEMPÊTE semble avoir été conçue comme l'adieu de Shakespeare au théâtre. Elle contient des passages émouvants de réflexion sur ce que ses pouvoirs d'artiste ont pu accomplir, et des thèmes de clôture valétudinaires. En tant que comédie, elle démontre parfaitement la manière dont Shakespeare a su combiner une construction artistique précise (la pièce choisit, en cette occasion d'adieu, d'observer les unités classiques de temps, de lieu et d'action) avec son flair particulier pour les histoires qui transcendent les aspects purement humains et physiques : LA TEMPÊTE est peuplée d'esprits, de monstres et de drôleries. Voilà, semble-t-il, comment Shakespeare résume son art de dramaturge comique.

Mais LA TEMPÊTE ne s'est pas avérée être la dernière pièce de Shakespeare après tout. Peut-être a-t-il découvert, comme beaucoup de gens, qu'il s'ennuyait à la retraite en 1613 environ. Il ne fait aucun doute que sa troupe d'acteurs était impatiente de le voir revenir.

William Shakespeare a écrit une pièce historique intitulée Henry VIII (1613), qui est extraordinaire à plusieurs égards : elle relate des événements historiques nettement plus tardifs que ceux du XVe siècle qui avaient fait l'objet de ses pièces historiques antérieures ; elle est séparée de la dernière de ces pièces de 14 ans peut-être ; et, ce qui est peut-être le plus important, elle est autant une romance qu'une pièce historique. L'histoire, dans ce cas, concerne en réalité la naissance d'Elizabeth I, qui allait devenir la grande reine d'Angleterre.

Les circonstances des troubles conjugaux d'Henri VIII, sa rencontre avec Anne Boleyn, sa confrontation avec la papauté, et tout le reste, se révèlent être les moyens humainement imprévisibles par lesquels la Providence organise le miracle de la naissance d'Elisabeth. La pièce s'achève sur ce grand événement et voit en lui la justification et la nécessité de tout ce qui a suivi. Ainsi, l'histoire prend son sens providentiel sous la forme d'une pièce qui est à la fois histoire et romance.

Les collaborations de William Shakespeare

The Two Noble Kinsmen (vers 1612-1614) a amené Shakespeare à collaborer avec John Fletcher, son successeur en tant que dramaturge en chef pour les King's Men.

L'histoire, tirée du KNIGHT'S TALE de Chaucer, est essentiellement une autre romance, dans laquelle deux jeunes galants se disputent la main d'Emilia et où des divinités président au choix.

William Shakespeare a peut-être déjà participé à Edward III, une pièce historique datant d'environ 1590-1595, et il semble avoir fourni une scène ou deux pour THE BOOK OF SIR THOMAS MORE (vers 1593-1601) lorsque cette pièce a eu des problèmes avec la censure.

L'écriture en collaboration était courante sur la scène anglaise de la Renaissance, et il n'est pas surprenant que Shakespeare ait été appelé à en faire une partie. Il n'est pas non plus surprenant que, compte tenu de son immense réputation, il ait été crédité d'avoir écrit un certain nombre de pièces auxquelles il n'avait rien à voir, y compris celles qui ont été faussement ajoutées à la troisième édition du Folio en 1664 : LOCRINE (1591-1595), SIR JOHN OLDCASTLE (1599-1600), THOMAS LORD CROMWELL (1599-1602), THE LONDON PRODIGAL (1603-1605), THE PURITAN (1606) et A YORKSHIRE TRAGEDY (1605-1608).

Néanmoins, dans une mesure remarquable, son corpus constitue un ensemble cohérent de son propre travail. La forme de la carrière présente une symétrie et une beauté interne qui n'est pas sans rappeler celle des pièces et des poèmes individuels.

Les sources de Shakespeare

À quelques exceptions près, Shakespeare n'a pas inventé les intrigues de ses pièces. Parfois, il utilisait des histoires anciennes (HAMLET, PÉRICLÈS). Parfois, il s'est inspiré d'histoires d'écrivains italiens relativement récents, comme Giovanni Boccaccio- utilisant aussi bien des histoires connues (ROMÉO ET JULIETTE, BEAUCOUP DE BRUIT POUR RIEN) que des histoires peu connues (OTHELLO).

William Shakespeare a utilisé les fictions populaires en prose de ses contemporains dans AS YOU LIKE IT et THE WINTER'S TALE. Pour écrire ses pièces historiques, il s'est largement inspiré de la traduction de Sir Thomas North des LIVES OF THE NOBLE GRECIANS AND ROMANS de Plutarque pour les pièces romaines et des chroniques d'Edward Hall et Holinshed pour les pièces basées sur l'histoire anglaise.

Certaines pièces traitent d'une histoire plutôt lointaine et légendaire (LE ROI LEAR, CYMBELINE, MACBETH). Des dramaturges antérieurs avaient parfois utilisé le même matériel (il y avait, par exemple, les pièces antérieures intitulées THE FAMOUS VICTORIES OF HENRY THE FIFTH et KING LEIR).

Mais, comme de nombreuses pièces de l'époque de Shakespeare ont été perdues, il est impossible d'être sûr de la relation entre une pièce antérieure perdue et la pièce de Shakespeare qui a survécu : dans le cas d'HAMLET, IL A été avancé de manière plausible qu'une "ancienne pièce", dont on sait qu'elle a existé, n'était qu'une version antérieure de celle de Shakespeare.

Shakespeare était probablement trop occupé pour une étude prolongée. Il devait lire les livres qu'il pouvait, quand il en avait besoin. Son énorme vocabulaire ne pouvait provenir que d'un esprit d'une grande célérité, répondant à la langue littéraire comme à la langue parlée. On ne sait pas quelles bibliothèques étaient à sa disposition.

La famille huguenote des Mountjoys, chez qui il logeait à Londres, possédait vraisemblablement des livres français. De plus, il semble avoir entretenu des relations intéressantes avec le commerce du livre à Londres. Le Richard Field qui a publié les deux poèmes de Shakespeare, VENUS AND ADONIS et THE RAPE OF LUCRECE, en 1593-1594, semble avoir été (comme le décrit un registre d'apprentissage) le "fils de Henry Field de Stratford-upon-Avon dans le comté de Warwick, tanneur".

Lorsque le tanneur Henry Field mourut en 1592, John Shakespeare, le gantier, fut l'un des trois personnes désignées pour évaluer ses biens et ses biens meubles. Le fils de Field, lié apprenti en 1579, avait probablement à peu près le même âge que Shakespeare. À partir de 1587, il s'établit régulièrement comme imprimeur de littérature sérieuse, notamment de la traduction de Plutarque par North (1595, réimprimée en 1603 et 1610).

Il n'existe aucune preuve directe d'une amitié étroite entre Field et Shakespeare. Cependant, on ne peut manquer de remarquer que l'un des principaux imprimeurs-éditeurs de Londres à l'époque était un contemporain exact de Shakespeare à Stratford, qu'il ne peut guère avoir été autre chose qu'un camarade de classe, qu'il était le fils d'un proche associé de John Shakespeare et qu'il a publié les premiers poèmes de Shakespeare. Il est clair que Shakespeare disposait d'un nombre considérable de contacts littéraires et que de nombreux livres étaient accessibles.

Le fait que les pièces de Shakespeare avaient des "sources" était déjà évident à son époque. On trouve une description contemporaine intéressante d'une représentation dans le journal d'un jeune avocat du Middle Temple, John Manningham, qui a consigné ses expériences en 1602 et 1603.

La première collecte d'informations sur les sources des pièces élisabéthaines a été publiée au XVIIe siècle - l'ACCOUNT OF THE ENGLISH DRAMATICK POETS (1691) de Gérard Langbaine indiquait brièvement où Shakespeare avait trouvé des matériaux pour certaines pièces. Mais, au cours du XVIIe siècle, on en est venu à considérer que Shakespeare était un écrivain "naturel" exceptionnel, dont le bagage intellectuel était relativement peu important : "Il était naturellement instruit ; il n'avait pas besoin des lunettes des livres pour lire la nature", écrivait John Dryden en 1668.

Il était néanmoins évident que la qualité intellectuelle des écrits de William Shakespeare était élevée et révélait un esprit remarquablement perspicace. Les pièces romaines, en particulier, témoignent d'une reconstruction minutieuse du monde antique.

La première collection de sources, organisées de manière à pouvoir être lues et comparées de près avec les pièces de William Shakespeare, a été réalisée par Charlotte Lennox au XVIIIe siècle. Des collections plus complètes sont apparues par la suite, notamment celles de John Payne Collier (SHAKESPEARE'S LIBRARY, 1843 ; révisé par W. Carew Hazlitt, 1875). Ces premières collections ont été remplacées par une version en sept volumes éditée par Geoffrey Bullough sous le titre NARRATIVE AND DRAMATIC SOURCES OF SHAKESPEARE (1957-1572).

Il est de plus en plus facile de voir ce qui était original dans l'art dramatique de Shakespeare. Il a réalisé une compression et une économie en excluant le matériel non dramatique. Il a développé des personnages à partir de brèves suggestions dans sa source (Mercutio, Touchstone, Falstaff, Pandarus), et il a développé des personnages entièrement nouveaux (les frères Dromio, Béatrice et Bénédict, Sir Toby Belch, Malvolio, Paulina, Roderigo, le fou de Lear). Il a réorganisé l'intrigue en vue d'obtenir des contrastes de caractère, des points culminants et des conclusions plus efficaces (MACBETH, OTHELLO, THE WINTER'S TALE, AS YOU LIKE IT).

Une perspective philosophique plus large est introduite (HAMLET, CORIOLANUS, TOUT EST BIEN QUI FINIT BIEN, TROILUS ET CRESSIDA). Et partout, une intensification du dialogue et un niveau d'imagination supérieur ont transformé les œuvres plus anciennes.

Mais, indépendamment de la preuve des sources de ses pièces, il n'est pas difficile de se faire une idée juste de Shakespeare en tant que lecteur, alimentant sa propre imagination par une connaissance modérée des réalisations littéraires d'autres hommes et d'autres époques.

William Shakespeare cite son contemporain Christopher Marlowe dans AS YOU LIKE IT. Il se réfère avec désinvolture à l'AETHIOPICA ("Histoire éthiopienne") d'Heliodorus (qui a été traduit par Thomas Underdown en 1569) dans TWELFTH NIGHT. Il lit la traduction des MÉTAMORPHOSES d'Ovide par Arthur Golding, qui a connu sept éditions entre 1567 et 1612.

La traduction vigoureuse de l'ILIADE d'Homère par George Chapman l'a impressionné, bien qu'il en ait utilisé certains éléments de manière plutôt sardonique dans TROILUS AND CRESSIDA. Il a tiré le récit ironique d'une république idéale dans LA TEMPÊTE d'un des essais de Montaigne.

Il a lu (en partie, du moins) la DÉCLARATION DES IMPOSTEURS PONTIFES DE Samuel Harsnett et s'est souvenu de passages vivants de cet ouvrage lorsqu'il écrivait LE ROI LEAR. Les premières lignes d'un sonnet (106) indiquent qu'il avait lu le poème d'Edmund Spenser,

THE FAERIE QUEENE, ou une littérature romantique comparable.

William Shakespeare avait une conscience aiguë des variétés de style poétique qui caractérisaient l'œuvre d'autres auteurs. Un petit poème brillant qu'il a composé pour le prince Hamlet (acte V, scène 2, ligne 115) montre à quel point il percevait avec ironie les qualités de la poésie dans les dernières années du XVIe siècle, alors que des poètes tels que John Donne écrivaient des poèmes d'amour unissant l'imagerie astronomique et cosmogénique au scepticisme et aux paradoxes moraux. Les vers de huit syllabes dans un mode archaïque écrits pour le poète du XIVe siècle John Gower dans PERICLES montrent sa lecture de la CONFESSIO AMANTIS de ce poète. L'influence de la grande figure de Sir Philip Sidney, dont l'ARCADIA a été imprimé pour la première fois en 1590 et a été largement lu pendant des générations, est fréquemment ressentie dans les écrits de Shakespeare.

Enfin, il ne faut pas sous-estimer l'importance de la Bible pour le style et la gamme d'allusions de Shakespeare. Les œuvres de William Shakespeare témoignent d'une familiarité omniprésente avec les passages désignés pour être lus à l'église chaque dimanche tout au long de l'année, et un grand nombre d'allusions à des passages de l'Ecclésiastique (Sagesse de Jésus fils de Sirach) indique un intérêt personnel pour l'un des livres deutérocanoniques.

Comprendre William Shakespeare

Les lecteurs et les amateurs de théâtre du vivant de Shakespeare, et même jusqu'à la fin du XVIIIe siècle, n'ont jamais mis en doute la paternité de ses pièces par Shakespeare. C'était un acteur bien connu de Stratford qui jouait dans la première compagnie d'acteurs de Londres, parmi les grands acteurs de son époque.

William Shakespeare était également très connu des grands écrivains de son époque, notamment Ben Jonson et John Webster, qui ont tous deux fait son éloge en tant que dramaturge.

De nombreux autres hommages au grand écrivain qu'il était sont apparus de son vivant. Toute théorie qui suppose qu'il n'est pas l'auteur des pièces et des poèmes qui lui sont attribués doit supposer que les contemporains de Shakespeare ont été universellement trompés par une sorte d'arrangement secret.

Pourtant, les soupçons à ce sujet se sont renforcés au milieu du XIXe siècle. Une certaine Delia Bacon a proposé que l'auteur soit son prétendu ancêtre Sir Francis Bacon, vicomte de St. Albans, qui était effectivement un écrivain éminent de l'époque élisabéthaine. Qu'est-ce qui a suscité cette théorie ?

Les principales considérations semblent avoir été que l'on sait peu de choses sur la vie de William Shakespeare (même si, en fait, on en sait plus sur lui que sur ses contemporains), qu'il était originaire de la ville de

Stratford-upon-Avon, qu'il n'a jamais fréquenté l'une des universités, et qu'il lui aurait donc été impossible d'écrire en connaissance de cause sur les grandes affaires de la vie de cour anglaise telles que nous les trouvons dans les pièces.

Cette théorie est suspecte à plus d'un titre. À l'époque de Shakespeare, la formation universitaire était centrée sur la théologie et sur des textes latins, grecs et hébraïques d'un type qui n'aurait pas beaucoup amélioré les connaissances de Shakespeare sur la vie anglaise contemporaine.

Au XIXe siècle, une formation universitaire était de plus en plus la marque d'une personne ayant une éducation générale, mais la formation universitaire au XVIe siècle était tout autre. L'idée que seule une personne ayant fait des études universitaires pouvait écrire sur la vie à la cour et dans la noblesse est une supposition erronée et même snob.

William Shakespeare était mieux de se rendre à Londres comme il le faisait, de voir et d'écrire des pièces, d'écouter comment les gens parlaient. William Shakespeare était un reporter, en fait. Les grands écrivains de son époque (ou même de la plupart des époques) ne sont généralement pas des aristocrates, qui n'ont pas besoin de gagner leur vie avec leur plume.

L'origine sociale de William Shakespeare ressemble essentiellement à celle de ses meilleurs contemporains. Edmund Spenser est allé à Cambridge, il est vrai, mais il

était issu d'une famille de fabricants de voiles.
Christopher Marlowe a également fréquenté Cambridge, mais ses proches étaient cordonniers à Canterbury. John Webster, Thomas Dekker et Thomas Middleton venaient de milieux similaires. Ils ont découvert qu'ils étaient des écrivains, capables de vivre de leur talent, et ils ont afflué (à l'exception du poète Spenser) vers les théâtres londoniens où se trouvaient les clients pour leurs marchandises. Comme eux, Shakespeare était un homme du théâtre commercial.

D'autres candidats - dont William Stanley, 6e comte de Derby, et Christopher Marlowe - ont été proposés, et le fait même qu'il y ait tant de candidats rend suspectes les prétentions d'une seule personne.

Le candidat de la fin du XXe siècle pour l'écriture des pièces de Shakespeare, autre que Shakespeare lui-même, est Edward de Vere, 17e comte d'Oxford. Oxford écrivait en effet des vers, comme d'autres gentilshommes ; la rédaction de sonates était une marque de distinction des gentilshommes. Oxford était également un homme misérable qui maltraitait sa femme et poussait son beau-père à la distraction. Ce qui nuit le plus à la candidature d'Oxford, c'est le fait qu'il soit mort en 1604.

La chronologie présentée ici, qui résume peut-être 200 ans d'études assidues, établit une carrière professionnelle de Shakespeare en tant que dramaturge qui s'étend de 1589 à 1614 environ.

Nombre de ses plus grandes pièces - King LEAR, ANTONY AND CLEOPATRA et THE TEMPEST, pour n'en citer que trois - ont été écrites après 1604. Supposer que la datation du canon est totalement déréglée et que toutes les pièces et tous les poèmes ont été écrits avant 1604 est un argument désespéré.

Certaines dates individuelles sont incertaines, mais le schéma général est cohérent. L'évolution des styles poétique et dramatique, le développement des thèmes et des sujets, ainsi que des preuves objectives, tout cela soutient une chronologie qui s'étend jusqu'à environ 1614. Supposer alternativement qu'Oxford a écrit les pièces et les poèmes avant 1604 et les a ensuite rangés dans un tiroir, pour les ressortir après sa mort et les mettre à jour pour qu'ils paraissent opportuns, c'est inventer une réponse à un problème inexistant.

En fin de compte, la question qu'il convient de se poser est la suivante : pourquoi Oxford a-t-il voulu écrire des pièces et des poèmes sans les revendiquer pour lui-même ? La réponse donnée est qu'il était un aristocrate et qu'écrire pour le théâtre n'était pas élégant ; il lui fallait donc un homme de façade, un alias. Shakespeare, l'acteur, était un choix approprié. Mais est-il plausible qu'une telle dissimulation ait pu réussir ?

Les contemporains de William Shakespeare, après tout, l'ont décrit sans équivoque comme l'auteur des pièces. Ben Jonson, qui le connaissait bien, a contribué aux vers du First Folio de 1623, où (comme ailleurs) il critique et loue Shakespeare en tant qu'auteur.

John Heminge et Henry Condell, collègues acteurs et propriétaires de théâtre de Shakespeare, ont signé la dédicace et l'avant-propos du Premier Folio et ont décrit leurs méthodes en tant qu'éditeurs. À son époque, il était donc accepté comme l'auteur des pièces. À une époque qui aimait les ragots et le mystère, il semble difficilement concevable que Jonson et les associés théâtraux de Shakespeare aient partagé le secret d'un gigantesque canular littéraire sans la moindre fuite ou qu'ils aient pu être imposés sans soupçon.

Les affirmations non étayées selon lesquelles l'auteur des pièces de théâtre était un homme d'une grande érudition, et selon lesquelles William Shakespeare de Stratford était un rustique analphabète n'ont plus de poids, et ce n'est que lorsqu'un partisan de Bacon, d'Oxford ou de Marlowe produira des preuves solides que les spécialistes prêteront attention.

Problèmes rédactionnels

Depuis l'époque de Shakespeare, la langue anglaise a changé, tout comme le public, les théâtres, les acteurs et les schémas habituels de pensée et de sentiment. Le temps a placé un nuage toujours plus grand devant le miroir qu'il tendait à la vie, et c'est là que l'érudition peut aider.

Les problèmes sont plus évidents dans les mots isolés. Au XXIe siècle, PRESENTLY, par exemple, ne signifie pas "immédiatement", comme c'était généralement le cas pour Shakespeare, ou WILL signifie "luxure", ou RAGE signifie "folie", ou SILLY dénote "innocence" et "pureté".

À l'époque de William Shakespeare, les mots avaient également une sonorité différente, de sorte que ABLY pouvait rimer avec EYE ou TOMB avec DUMB. La syntaxe était souvent différente et, bien plus difficile à définir, la réaction au mètre et à la phrase l'était également. Ce qui semble formel et rigide à un auditeur moderne pouvait sembler frais et gai à un élisabéthain.

Les idées ont également changé, surtout les idées politiques. Les contemporains de Shakespeare croyaient presque unanimement à la monarchie autoritaire et reconnaissaient l'intervention divine dans l'histoire.

La plupart d'entre eux auraient convenu qu'un homme devait être brûlé pour des hérésies religieuses ultimes. Il incombe aux spécialistes de la linguistique et de l'histoire d'aider à la compréhension de la multitude de facteurs qui ont considérablement affecté les impressions suscitées par les pièces de Shakespeare.

Aucune des pièces de Shakespeare n'a survécu dans son manuscrit et, dans les textes imprimés de certaines pièces, notamment LE ROI LEAR et RICHARD III, on trouve des passages manifestement corrompus, qui n'ont qu'un rapport incertain avec les mots que Shakespeare a écrits. Même si l'imprimeur recevait un bon manuscrit, de petites erreurs pouvaient encore être introduites.

Les compositeurs étaient loin d'être parfaits ; ils "régularisaient" souvent la lecture de leur copie, modifiaient la ponctuation selon leurs propres préférences ou le style "maison" ou parce qu'ils n'avaient pas les pièces de caractères nécessaires, ou faisaient des erreurs parce qu'ils devaient travailler trop rapidement.

Même la correction des feuilles d'épreuves dans l'imprimerie pouvait corrompre davantage le texte, puisque cette correction était généralement effectuée sans référence à l'auteur ou à la copie manuscrite ; lorsque les états corrigés et non corrigés sont encore disponibles, c'est parfois la version non corrigée qui est préférable. Les correcteurs sont responsables de certaines erreurs qu'il est désormais impossible de corriger.

Ingram Content Group UK Ltd.
Milton Keynes UK
UKHW020945080323
418175UK00017B/1271

9 789493 261006